Ilija Trojanow

Sehnsucht
Mach dich auf den Weg

Herausgegeben von Fatma Sagir

W0094677

HERDER

FREIBURG · BASEL · WIEN

Originalausgabe

© Verlag Herder GmbH, Freiburg im Breisgau 2008
Alle Rechte vorbehalten
www.herder.de

Umschlaggestaltung und -konzeption:
R·M·E München / Roland Eschlbeck, Liana Tuchel
Umschlagmotiv: © Andreas Wrede / buchcover.com

Satz: Dtp-Satzservice Peter Huber, Freiburg
Herstellung: fgb freiburger graphische betriebe
www.fgb.de

Gedruckt auf umweltfreundlichem,
chlorfrei gebleichtem Papier
Printed in Germany

ISBN 978-3-451-05956-8

Inhalt

1
WAHRHEIT:
SUCHEN – FINDEN – WEITERSUCHEN

Wie soll mein Herz an Dir haften?

Wie soll mein Blick nach Dir suchen?

Wie soll die Sprache nach Dir fragen: Wo bist Du?

(RUMI)

Ein sufischer Blick auf Gesetz und Wahrheit

Der Archivar der Bibliothek des Palastes zu Baroda hatte mir noch den Ratschlag mit auf den Weg gegeben, ich sollte einen Sufi *murshid*[1] aufsuchen, und so kontaktierte ich gleich nach meiner Rückkehr in Bombay den angesehenen Wissenschaftler und Aktivisten Ali Asghar Engineer, der mich umgehend einem Mann vorstellte, mit dem ich viele lange Gespräche führen sollte, meist in einer Wohnung, deren offene Fenster das Meer einrahmten und den Klang der Wellen einfingen.

Der *murshid* hielt sich selten in Bombay auf, er besuchte die Stadt nur, um seine Schüler auszurichten, und übernachtete in der Wohnung eines wohlhabenderen unter ihnen, um die anderen nicht zu belasten. Wir saßen auf einer weißen Couch vor den Fenstern, und wir waren stets unter uns, denn nachdem wir mit einer Kleinigkeit erquickt wurden, ließ man uns allein, und der Lehrer sprach mit einer leisen Stimme, die sich kaum gegen das Tosen des Windes wehrte, und ich so gezwungen war, mich mit nach vorne gebeugtem Oberkörper völlig auf den Ohrensinn zu konzentrieren.

---

[1] Urdu: Spiritueller Lehrer.

– Sie wollen etwas über die Sufis erfahren?

– Ja.

– Wissen Sie, wer die Sufis sind?

– Die Mystiker des Islam?

– Sie haben Fast food gelesen, mein Guter. Sie sollten darauf achten, was Sie zu sich nehmen.

– Es sind die Liebenden?

– Also die Pärchen, die eng umschlungen am Strand sitzen.

– Jene, die Gott lieben.

– Und nicht den Menschen?

– Ich weiß es nicht.

– Jetzt kommen Sie der Wahrheit näher. Ein Sufi sagt: Mein Herz ist offen für jede Form; es ist eine Weide für Gazellen, ein Kloster für Mönche, ein Götzentempel und die Kaaba für die Pilger; es ist die Thora und der Koran. Ich bleibe bei der Religion der Liebe, in welche Richtung die Karawane auch zieht. Das hat Ibn Al-Arabi gesagt. Halten Sie es für möglich, dass dies falsch sein könnte?

– Nein.

– Nein? Und wieso nicht? Weil wir niemals etwas ablehnen, nur weil es fremd oder anders ist. Wir mißtrauen der Predigt. Sie ist ein Instrument, andere verächtlich zu machen. Wir ziehen das Beispiel des Gelebten vor. Das Heilige ist vorbildlich. Wenn ein Sufi-Meister viele Menschen anzieht, dann aufgrund seines Charakters, nicht seiner Überzeugungen. Das intellektuelle Argument wird überschätzt, wenn es um Liebe geht. Wir respektieren jeden, egal welchen Rang er in der Gesellschaft einnimmt, wir respektieren die Würde des Menschen. Deswegen haben wir niemals versucht, die vorislamischen Bräuche und Traditionen zu bekämpfen. Wenn Sie durch Indien reisen, werden Sie feststellen, wie viele unterschiedliche Bräuche auf dem Land lebendig sind, unabhängig davon, ob jemand sich Hindu oder Moslem nennt. Wir sind, vielleicht begreifen Sie es besser mit einem Bild aus heutiger Zeit, das Interface des Islam.

– Schnittstelle …

– Zusammenfluss! Ibn Al-Arabi hat seinen Gedankengang auf Arabisch *wahdat al-wujud* genannt. Die tatsächliche Existenz – *wujud* – ist nur jene Gottes, wir hingegen sind nichts weiter als seine Manifestationen. Das ganze Universum ist seine Manifestation. Dieser Gedanke zerstört Barrieren zwischen den Menschen, zwischen den Glaubensrichtungen. Er hat Hindus und Moslems in Indien einander nahe gebracht, es spielte keine Rolle, wie man sich nannte, solange man in Frieden mit allen anderen lebte. Sie müssen wissen, es ist kein eitler Traum, es hat funktioniert, jahrhundertelang. Lassen Sie sich niemals einreden, das Gute sei nicht zu verwirklichen. Das Gute ist Wirklichkeit.

– Und heute?

– Es gibt immer eine gegenteilige Meinung, und wir sind Zeugen, wie einflussreich die Lehre von *wahdat al-shuhud*, der Einheit des Bezeugten, geworden ist. Dieser Irrglaube, es gäbe einen ursprünglichen Islam, der nur von äußeren Einflüssen gereinigt werden muss, damit wir gerettet sind. Gewiss gibt es einen Ursprung, und er ist rein, aber Menschen kommen darin nicht vor.

– Die Wahabi, die Salafiyah?

– Nichts als Namen. Wer sind die Hunde, die sich um einen Knochen streiten? Wer sind die Verrückten, die ihren Wahn hinter Gesetzen verstecken? Was für eine Zeitverschwendung, ihre Blindheit zu erklären. Liebe gibt es nur außerhalb des Gesetzes.

(Nomade, vom Autor bearbeitet)

Die Suche beginnt

Religion sucht die Wahrheit nicht, sie behauptet die Wahrheit. Der Einzelne hat gar nicht erst die Möglichkeit, zu suchen und zu finden, weil er sich den jeweiligen Glaubensregeln unterwerfen muss. Diese Variante der Religion, die unter anderem von den Orthodoxen gelebt wird, entmündigt. Eine andere Variante ist es, gegen diese Gesetze zu opponieren. Deshalb haben sich aus jeder Religion Gruppen von Freidenkern herausgebildet, bei den Christen etwa die Mystiker und im Islam die Sufis, denen ich angehöre. Wir glauben nicht, dass das Verhältnis von Gott und Mensch per Gesetz vorgegeben sein kann, sondern dass es sich um eine sehr freie und intime Sache handelt.

Und doch schreiben Sie: „Kein Mensch wird Gott wirklich begegnen."

Dass Gott gefunden wird, würde die Vorstellung von ihm ad absurdum führen. Gott ist das Unendliche. Man kann sich Gott nur als das vorstellen, was man sich nicht vorstellen kann. Er liegt jenseits des Menschlichen.

Welche Sehnsucht erfüllte sich für Sie, als Sie sich dem Islam zuwandten?

Das ist einerseits mit einer neuen Liebesbeziehung zu vergleichen: Man spürt die Erregung, eine neue Welt zu entdecken, in der sich vieles findet, was einen erfüllt. Andererseits stößt mich auch vieles am Islam ab. Ich bin völlig antiideologisch eingestellt und kann nichts mit dem Glauben anfangen, man habe die seligmachende Wahrheit gepachtet. Die Sufis hingegen haben sehr sinnliche Denkansätze und pflegen Riten, die mich sehr bereichert haben. Sie bringen sich durch bestimmte Musik in eine Art Ekstase, die sie Gott näher bringen soll. Dieser Zustand ist kaum zu beschreiben. Allein die Vorstellung, Grenzen zu überwinden, sich in Gott auflösen zu wollen, um sich dann wieder tröstlich in der Beschränktheit der menschlichen Existenz zurückzufinden, begeistert mich. Das ist, als würde man einen Achttausender besteigen.

So schön Ihre Erfahrungen auch klingen: Der Westen tut sich schwer mit der Faszination des Islam.

Wenn ich gefragt würde, was man in Saudi Arabien vom Islam lernen kann, würde mir auch nicht so viel einfallen. In Indien hingegen haben die Menschen die Fähigkeit, mit der Vielfalt zu leben. Alle Religionen haben Indien geprägt und umgekehrt hat das kulturelle Biotop die Religionen in Indien beeinflusst. So gelingt es den Indern, den Islam immer wieder als neuen Reichtum zu erschaffen.

(Galore)

Die ewige Baustelle

Wir wissen nicht, ob Gott ein Mann oder eine Frau ist, aber sein einziger Sohn war gewiss nicht blond, denn die Entwicklung des Christentums vollzog sich zunächst außerhalb Europas. Die wichtigen Konzilien von Seleucia, Nicäa, Alexandria und Chalcedon fanden im östlichen Mittelmeerraum statt. Die meisten Kleriker, die an diesen ersten entscheidenden Konferenzen teilnahmen, stammten aus Asien und Afrika, aus Gebieten, die sich heute in der Türkei, in Syrien, im Iran, in Ägypten, Tunesien, Libyen und Algerien befinden. Die Bezeichnung „Christentum" erhielt die neue Religion in Antiochia, wo Petrus seinen Sitz hatte. Während der ersten tausend Jahre kamen die meisten Innovationen der neuen Religion aus der Ostkirche, denn Byzanz als das „neue Rom" war weiter entwickelt als das alte Rom.

Man darf sich Religion nicht als ein Gebäude vorstellen, das genau nach den Plänen eines allwissenden Architekten errichtet wird, sondern als fortlaufendes Projekt. Am schier unendlichen Bau sind ganze Heerscharen von Architekten, Ingenieuren, Maurern, Steinmetzen und Bewohnern beteiligt, die alle ihre eigenen Vorstellungen haben. Sie arbeiten zusammen und schließen Kompromisse; sie können aber auch unterschiedlicher Meinung sein und sich erbittert wegen der Gestaltung der Fassade, der Inneneinrichtung und Ausstattung streiten. Das steht in deutlichem Gegensatz zum Religionsmodell, das in einer

Bibelschule, Madrasa, Jeschiwa, Gurukula oder einem Vihara gelehrt wird und von dort aus in die allgemeine Vorstellung eingeht. Obwohl die Anrufung Gottes ein fester Bestandteil der Religionsausübung ist, werden die vielen Namen, mit denen Er/Sie im Laufe der Geschichte beschworen wurde, sorgfältig vergessen. Ein typisches Beispiel für diese Spurenverwischung ist die Haltung des jesuitischen Theologen Hugo Rahner: „Das Christentum ist vollkommen *sui generis*. Es ist einzigartig und leitet sich von keinem anderen Kult und keiner menschlichen Institution ab, und auch sein grundlegender Charakter wurde von keinem derartigen Einfluss verändert."

Das historische Gedächtnis ist beim Bankett des Glaubens kein gerngesehener Gast, nicht einmal in säkularen Gesellschaften. Und wenn die Religion die Oberhoheit hat, wird die historische Genauigkeit schnell der Blasphemie bezichtigt; ein trotziger Versuch des Verstandes, den Anspruch der Offenbarung auf Einzigartigkeit in Frage zu stellen. Jede organisierte Religion betrachtet sich als monumentalen Tempel, erbaut aus homogenen Elementen. Aber wenn wir im Innern umhergehen, sehen wir Arkaden, die nicht mit den Pfeilern verbunden sind, und Säulen, die sich von den Sockelplatten lösen. Türen hängen schief in den Angeln und führen in Katakomben, die mit unzusammenhängenden Fresken bemalt sind. Viele Elemente reichen zurück in die Zeit vor der Ankunft des Propheten oder Lehrers, der den Tempel gründete; manche haben nichts mit seiner Vision gemein. Normalerweise bezeichnet man diesen dynamischen Prozess mit dem

Begriff „Synkretismus", mit dem man auch eine Abweichung von der reinen Lehre oder den Versuch beschreibt, den einzigartigen Charakter einer Religion mit einer Mischung aus anderen Glaubenssystemen zu beschmutzen. Wenn man Synkretismus jedoch als Versuch definiert, verschiedene Ansichten oder Praktiken zu verbinden, in Einklang zu bringen, dann sind in Wahrheit alle Religionen synkretistisch.

Als Jesus seinen Jüngern sagte, „Im Haus meines Vaters gibt es viele Wohnungen", hätte er auch die Levante meinen können, die um die Zeitenwende einem Basar aus konkurrierenden Kulturen glich, einem Laboratorium der spirituellen Experimente. Im Judentum gab es keinen Glaubenskodex, von dem Häretiker hätten abweichen können. An der Spitze der jüdischen Glaubenspyramide stand die Tempelaristokratie, die Pharisäer und Sadduzäer, die wir aus biblischen Geschichten kennen. Doch die rabbinischen Verfasser des Talmud berichten, dass die Vorstellungskraft der jüdischen Gläubigen von mindestens 24 verschiedenen schismatischen Gruppen belegt wurde, deren vielfältige Weltanschauungen von Asketismus, Hedonismus und Platonismus geprägt waren. Es gab die Chassidim, die Herodianer, die Therapeutae, die Boethusier, die Sicarii, die Hellenes und die Zeloten. Und damit ist allein die Vielfalt im Judentum benannt – die Darstellung der rivalisierenden Gruppen in Monthy Pythons *Die Liebe des Brian,* die sich nur durch ihre Namenskürzel unterscheiden, ist nicht nur komisch, sondern auch historisch korrekt. Jenseits des jüdischen Obstgartens wuchsen Bäume mit üppigem, buntgefärbtem Blattwerk, die veredelt und gekreuzt wurden, bis ein Wald der vielfältigen Misch-formen entstand: die ägyptischen Kulte um Isis, Osiris, Kybele und Serapis hatten in ihrer spätrömischen Form zahlreiche Anhänger. Dabei waren in der Religion bereits Adonis, der syrische Fruchtbarkeitsgott, und der iranische Sonnengott Mitra beheimatet, der zu Mithras assimiliert worden war. Der Kult des Mithras, der den Stier der Finsternis getötet hatte, zog insbesondere die Legionäre Roms an.

Jenseits dieses Waldes lagen Berge und Wüsten, in die sich einsiedlerische Gemeinschaften zurückgezogen hatten, um ihre Tage mit Gebeten und Kontemplation zu verbringen. Sie warteten auf eine Wendung des Schicksals, bei der die Korruption in den Städten beendet und die Reinheit der Seele wiedererlangt werden würde. Darunter befanden sich Prediger wie Johannes der Täufer, die sich einer messianischen Vision verschrieben hatten und ihre Stimme in der Wildnis erhoben, weil sie glaubten, das Ende der Tage sei nah und die Menschheit müsse auf die Ankunft des Herrn vorbereitet werden. Einige Einsiedler waren nachweislich von der Lehre Buddhas beeinflusst, die von Indien und Zentralasien über die Seidenstraße, die Kaschgar (im heutigen Xinjiang) mit Antiochia verband, in die Levante gekommen waren. Dieses bunte Mosaik wurde in die Architektur des Christentums eingefügt.

Religionen, die sich noch in ihrem formativen Prozess befinden, entwickeln einen regelrechten Heißhunger auf

Symbole und Dogmen. Beim letzten Abendmahl verteilt Jesus Brot unter seinen Jüngern und lässt einen Kelch mit Wein kreisen. Mit diesem Zeichen – indem sie sein Fleisch essen und sein Blut trinken – sollen sie, so sagt er ihnen, an seinem Mysterium teilhaben und das ewige Leben erlangen. Das Sakrament der Eucharistie, ein zentrales Element des christlichen Glaubens, hat seine Ursprünge in den frühen Fruchtbarkeitsreligionen, bei denen der junge Gottkönig im Frühjahr geopfert und verzehrt wurde, um eine gute Ernte und das Wohlergehen der Gemeinschaft zu gewährleisten. In diesem Zusammenhang liegt es nahe, an den syrischen Gott Adonis zu erinnern. Sein Tempel wurde „Haus des Korns" genannt, *Baith la-Haim* auf Hebräisch, also Bethlehem. Leib und Blut haben im christlichen Mythos eine lange Vorgeschichte.

Christus teilt den Tag seiner Geburt, für den in den Evangelien kein Datum genannt wird, mit einem seiner göttlichen Vorgänger. Mithras, den die römischen Legionäre und mehrere römische Kaiser aus dem Militär als *Deus Sol Invictus* verehrten, den „unbesiegbaren Sonnengott", wurde der Legende nach am Tag der Wintersonnwende geboren: Nach dem Julianischen Kalender war das der 25. Dezember. Kaiser Aurelian (250–275 nach Christus) erklärte ihn im gesamten Römischen Reich zum Feiertag. Ende des 4. Jahrhunderts schwand die Anziehungskraft des Mithras-Kultes allmählich, und viele seiner Anhänger konvertierten zum Christentum. Dadurch ging der Höhepunkt des rituellen Kalenders in den Kult des auferstandenen Gottessohnes als Weihnachten ein.

Alle antiken Religionen verehrten die Große Mutter, das Prinzip der alles umfassenden Fruchtbarkeit: Sie wurde unter vielen Namen angebetet, als Ishtar und Innana in Mesopotamien, Isis in Ägypten, Nanaja in Zentralasien, Devi in Indien und als Demeter und Maia in Griechenland. Als die griechischen Siedler in Kleinasien auf Tempel trafen, die ihr geweiht waren, nannten sie die Göttin Artemis und übernahmen den bestehenden Kult. Aus dieser Begegnung entstand eines der sieben Weltwunder des antiken Mittelmeerraums, der Tempel der Artemis in Ephesos. Die frischgebackenen Anhänger des Christentums sehnten sich nach einer ähnlich barmherzigen Figur in ihrem neuen Glauben, der von männlichen Wesen bestimmt wurde – und so kam es nicht von ungefähr, dass beim Konzil von Ephesus im Jahr 431 der Kult um die Mutter Jesu, die Jungfrau Maria, offiziell anerkannt wurde. Damit verbunden war die Erlaubnis, sie und das Jesuskind als Bild und Staue darzustellen. Bei dem Konzil wurde auch die Verwendung des Titels *Theotokos* für Maria genehmigt: die Mutter Gottes, die bei ihrem Sohn zugunsten der geplagten Menschheit intervenierte. Die Göttinnen der Antike setzten ihren rasanten Aufstieg in das neue Glaubenssystem fort und lebten in Eigenschaften der heiligen Jungfrau Maria weiter. Während der Regierungszeit Julian Apostatas wurde die heidnische Siegesgöttin Nike/Victoria erfolgreich in die Marienverehrung integriert – die in einem bestimmten Kontext auch als Maria Victoria, „Unsere Liebe Frau vom Siege" bekannt ist.

Vielleicht sollten wir in den ersten Jahrhunderten unserer Zeitrechnung von verschiedenen christlichen Glaubensgemeinschaften anstelle von einer Christenheit sprechen, zumindest, bis ein eindeutiges Dogma – festgelegt von einer kirchlichen Autorität, die sich auf kaiserliche Macht stützen konnte – den verschiedenen regionalen Ausformungen der Lehre Jesu und des christlichen Mythos ein Ende machte. Im Grenzbereich zwischen einem vielgestaltigen Judentum und rivalisierenden christlichen Glaubensvorstellungen entstanden zahlreiche Sekten mit bizarren Lehren. Hätte sich eine davon die Unterstützung und militärische Macht eines Kaisers sichern können, wären wir wohl mit anderen christlichen Glaubensvorstellungen aufgewachsen. Die mysteriösen Elkasiten glaubten zum Beispiel, dass ihrem Gründer Elchasai oder Elchasaios („Gottes heimliche Macht") im Jahr 100 von zwei riesigen Engeln eine Offenbarung zuteil geworden war. Die himmlischen Boten – der eine männlich, der Sohn Gottes, der andere weiblich, der Heilige Geist; beide etwa 30 Kilometer hoch – sagten Elchasai, Christus werde Jahrhundert für Jahrhundert wiedergeboren, und zwar jedes Mal von einer Jungfrau. Außerdem wiesen sie ihn an, Wasser als Quell des Lebens zu verehren, und teilten ihm eine geheimnisvolle Formel mit, die seine Anhänger verwenden sollten, würden sie von einem Hund oder einer Schlange gebissen werden.

(Kampfabsage)

Kein Mensch wird Gott begegnen

– (...) woher wissen wir, wo er [Burton] in Fragen des Glaubens stand?

– Sie machen sich unnötig Sorgen. Er war Katholik. Basta.

– Woher wissen wir das?

– Er hat zu mir gesagt: Wenn schon Christ, dann wolle er am liebsten Katholik sein.

– Was für ein Glaubensbekenntnis.

– Seien wir Realisten. Wer glaubt schon aus freien Stücken.

– Ja, aber die Unfreiheit sollte von Gott bestimmt sein.

– Ach, da fällt mir ein, er hat noch etwas gesagt, Sie werden sehen, er hatte einen ausgeprägten Sinn für Humor: Er sei Katholik, weil es in Triest leider keine Elchasiten gebe. Sehnsucht nach den Elchasiten, haben Sie so etwas schon einmal gehört?

– Was bedeutet das? Was bedeutet das für mich?

– Sie sollten die Angelegenheit hinter sich lassen.

– Hat er wenigstens Gott gesucht?

– Durchaus, und wie die meisten Menschen selten gefunden. Er hatte einen ungewöhnlichen Standpunkt in der Frage. Kein Mensch wird Gott wirklich begegnen, erklärte er mir einmal bei einem festlichen Dinner. Denn was würde geschehen? Seine Persönlichkeit würde sich auflösen, er würde in Gott aufgehen. Kein Ich mehr, keine Zukunft mehr, er würde ins Ewige übertreten. Wer würde

schon Mensch bleiben wollen, wenn er in Gott sein könne. Bemerkenswerte Logik, nicht wahr?

– Was folgte für ihn daraus?

– Dass wir suchen wollen, natürlich, aber auf gar keinen Fall finden. Genau das habe er ein Leben lang getan,
sagte er. Er habe überall gesucht, die meisten Menschen
hingegen, die würden immer wieder in denselben Topf
blicken.

(Weltensammler)

2
GLAUBE:
WAS ES SEIN KÖNNTE

Welch ein Entwurf,

dass ich mir selbst fremd geworden

ich bin weder Muslim noch Christ

nicht Hindu und nicht Zarathustrist

(RUMI)

Neugierig

Religion interessiert mich zum einen als kulturelles Ausdrucksmittel, dass vieles, was uns beschäftigt einen bestimmten Ausdruck in der Religion findet. Mich interessiert vor allem der kulturell-poetisch-sinnliche Ausdruck,
der sich in der Religion offenbart. (...)

Es ist ja allgemein bekannt, wie bedeutend der Einfluss
von Protestantismus und Katholizismus auf verschiedene
Regionen Deutschlands und Europas waren. Ähnlich ist
es natürlich mit der ganzen Welt. Man kann Indien nicht
ansatzweise erfassen, wenn man sich nicht mit der Religion beschäftigt. Das gilt für die arabische Welt genauso.
Insofern ist das dann auch eine professionelle Notwendigkeit und Herausforderung. Und dann ist es so, dass ich
da einfach keine Berührungsängste habe. Ich habe, glaube
ich, einen sehr neugierigen Geist, der in alle Richtungen
flaniert und wandert.

(Deutschlandradio)

Religion: ein Gemischtwarenladen

Man kann die religiöse Bedürftigkeit des Menschen nicht verallgemeinern. Religion ist ein Gemischtwarenladen, und insofern kann man durchaus spirituell sein, aber nicht an ein Leben nach dem Tod glauben, oder fromm sein, aber nicht spirituell. Wahrscheinlich haben wir im 20. Jahrhundert erfahren, dass eine scharfe Trennung zwischen Glaube und Unglaube künstlich ist, dass es auch bei Menschen, die sich als Atheisten verstehen, einen Glauben gibt – an Werte, Ideale, das Gute. Ich glaube deshalb, dass wir im 21. Jahrhundert einige Dichotomien der Aufklärung teilweise wieder überwinden müssen – Dichotomien zwischen Körper und Seele, zwischen Materialismus und Spiritualität.

(WELT)

Mehr als Schwarz oder Weiß ...

Es ist nicht eindeutig zu klären, ob Burton tatsächlich oder nur zum Schein Muslim geworden ist. Sie sind zum Islam konvertiert.

Nein, das bin ich nicht, das ist eine extrem leidige Frage, weil die Menschen so konditioniert sind, dass sie immer nur in Schwarz oder Weiß denken können. Deshalb wird diese Frage auch im Fall Burtons noch nach 150 Jahren diskutiert. Man kann nur konvertieren, wenn man eine Ideologie ganz verlässt und eine neue ganz annimmt. Wenn man aber nicht ideologisch, sondern inhaltlich und spirituell denkt, am Reichtum partizipieren will und eine Affinität zu dem verspürt, was man im Islam Sufismus nennt, dann kann man auch nicht konvertieren. Das ist wahrscheinlich der Punkt, wo Burton und ich uns am ähnlichsten sind. Wir verspüren eine große Faszination für den Islam, aber auch eine große Abneigung gegenüber den bornierten, engstirnigen Geistern, die diese Religion immer wieder dominiert haben.

(WELT)

... im Spektrum der Farben

In einem Interview haben Sie zurückgewiesen, zum Islam „konvertiert" zu sein. Und zwar, weil das Wort „konvertieren" inkorrekt ist. Wann haben Sie angefangen, sich für den Islam zu interessieren und was hat Sie fasziniert?

Ich finde es schön, dass Sie diese Frage stellen, denn sie wird nur selten gestellt. Ich werde häufig gefragt, wann ich „konvertiert" sei. Ich antworte, aber es fragt dann niemand, was mich am Islam fasziniert. Die Leute wollen mich kategorisieren, haben aber kein Interesse an meinen Erfahrungen. Es hat etwas mit Indien zu tun und damit, dass Bombay eine sehr islamische Stadt ist. Es gibt ja in Indien keine Zahlen, aber der Islam ist sehr gegenwärtig. Die ersten Jahre in Indien hatte ich die Gelegenheit, sehr viel zu reisen und bin zu einigen Orten gekommen. Einer der ersten Momente des Aufhorchens waren Besuche bei den Dergahs – Orte, an denen Sufiheilige begraben sind. Das sind Orte, von denen wirklich eine Kraft ausgeht. Diese Orte haben eine außerordentliche soziale, kulturelle und religiöse Vielfalt. Ich kann mich erinnern, dass einige Leute ein Kreuz um den Hals trugen, aber trotzdem hingingen, genauso wie Reiche und Arme. Zu dem Zeitpunkt habe ich wahrscheinlich begonnen, mich mit dem Sufismus zu beschäftigen. Bei mir war der Zugang vor allem ein sinnlicher und ästhetischer. Ich bin immer noch jedes Mal innerlich erschüttert, wenn ich einen guten Qawwali [indo-pakistanische Variante des islamischen Gesangs und

Vermittlung spiritueller Inhalte] höre. Zum ersten Mal hatte ich das Gefühl, Gott zu sehen, um es platt zu formulieren, bei einem Qawwali-Konzert. Dichtung bedeutet mir sehr viel und ich spreche auch stark auf Kalligraphie an. (…)

Ich bin jemand, der die Gebetsform des Islam sehr schätzt. Sie ist wirklich grandios. Jedes Mal, wenn ich aus dem Gebet herausgehe, fühle ich mich in jeder Hinsicht bereichert. Form ist für mich sehr wichtig und Rituale sind sehr wichtig. Diese Kombination von Form und Ritual ist etwas, was mich sehr angezogen hat. Was mich überhaupt nicht angezogen hat, und wo ich meinen eigenen Weg gehe, sind die ganzen Gesetze. Ich suche eher immer das Direkte. Was ich bei den Ulamas gesehen habe war die Obsession mit Gesetzen, beispielsweise wie lang die Hose sein muss. Ich habe ihnen immer gesagt: „Wenn ihr in der Frühe zum Morgengebet aufwacht und danach schlafen geht, dann ist das tausend Mal schlimmer als alle eure Gesetze." Obwohl wir uns gestritten haben, haben sie mir zugehört. Was sie nicht verstanden, war die Idee, die dahinter steckt. Es ist für mich Blasphemie, wenn man sich keine Mühe dabei gibt, die Idee hinter den Gesetzen zu verstehen, denn diese ist, dass man aufsteht und den Tag beginnt und nicht, dass man einen Wecker hat, kurz zwei Raka'ats betet und dann wieder ins Bett geht. Die Idee ist natürlich, und das ist eine alte Weisheit noch aus einer Zeit vor dem Islam, dass man mit der Sonne aufsteht und den Tag beginnt. Wenn sie sich darüber keine Gedanken machen, und sie sind Ulama, dann stimmt etwas nicht. Die Diskussion führe ich bis zum heutigen Tage immer wieder, da ich das Gefühl habe, dass der Islam daran krankt, weil die Leute die zentralen Visionen des Islam und seiner gesellschaftlichen Transformation nicht ernst nehmen. (...) Es ist für mich skandalös, dass in Mekka jeder soziale Grundsatz, der im Heiligen Qur'an steht, missachtet wird.

(Islamische Zeitung)

Am Haus Gottes

Manche Bauten überwältigen das Auge, einige, wenige, überwältigen den Verstand. Die Haram al-Sharif, die Große Moschee zu Mekka, ist mit ihren unzähligen Eingängen und Säulen, Rundungen und Fluchten, Ecken und Nischen, mit ihren insgesamt hundertunddreißigtausend Quadratmetern nicht nur unfassbar groß, die sich wandelnden Sichten, die sich dem Pilger bei jedem Besuch eröffneten, künden von der Unermesslichkeit Gottes. Die reine Architektur lässt sich schwer beurteilen, so sehr verschmilzt der asymmetrische Bau mit dem Pilgervolk. Die Choreographie der Rituale überflutet das Grau und Weiß und Grün, verdeckt die neun Minarette und die sieben Kuppeln. Wenn Architektur mit Leben gefüllte Substanz ist, dann gehört die Haram zu den schönsten Bauwerken der Menschheit.

Die Gänge, die Bögen, die Kuppeln, die Galerien, sie sind imposant, aber ohne die Kaaba, eindrucksvoll ob ihrer Einfachheit, wären sie wirkungslos. Die goldene Stickerei auf dem schwarzen Stoff erscheint einem fast ein Zuviel an Ornamenten, eine Ablenkung von der reinen, kubisch gefassten Idee. Das Symbol wird fortwährend bestätigt durch die Pilger, die zu jeder Tages- und Nachtzeit wie Planeten die Sonne umkreisen (oder wie Elektronen den Atomkern) und mit jedem ihrer Schritte das rechteckige Objekt menschlich aufladen. Aus dieser Wechselwirkung entsteht erst das *Bayt Allah*, das Haus Gottes, und die

Umma, die Gemeinschaft der Gläubigen. Es ist wie mit dem heiligen Text: Er benötigt die Hingabe, die Moralität des Lesers, um lebendig zu werden. Die Offenbarung ist in ein menschliches Gefäß gegossen, die Sprache, und somit abhängig von der Kraft und der Wirkung, die ein jeder aus ihr schöpfen und ihr verleihen kann.

Als einzige Moschee auf der Welt ist die Haram al-Sharif wegen der vorgeschriebenen Ausrichtung zur Kaaba rund. Immer wieder erweitert und einige Male in ihrer Geschichte nach Zerstörungen völlig neu errichtet, wurde sie in den sechziger Jahren des letzten Jahrhunderts für mehr als hundert Millionen Dollar erweitert. Sie steht aber auf einem Gelände, das seit Jahrtausenden bebaut ist.

Denn so neu die Bausubstanz des modernen Mekka ist, so alt ist der Ort selbst, der seine Existenz dem Zam-Zam-Brunnen verdankt, einer Lebensader in der unerbittlichen Wüste. Die Kaaba wurde auf Gottes Befehl hin errichtet von Ibrahim, so wird im Koran berichtet. Der sakrale Bau, den wohl von Beginn an ein heiliges Territorium umfasste, entwickelte sich zu einem wichtigen Ziel vorislamischer Pilgerschaft. In der Kaaba wurde eine Vielzahl von Idolen, Projektionen unterschiedlicher Kulte, aufbewahrt, darunter auch eines, das Al-Llah genannt wurde. Dieser Pantheon war von pragmatischer Großzügigkeit geprägt: Unter den Heiligenfiguren befanden sich auch Venus und die Jungfrau Maria, Zeugnisse eines lebhaften religiösen Zusammenflusses. Eine Handelsmetropole bildete sich um dieses Pilgerziel herum – schon zu Lebzeiten des Propheten (saw) wies sie eine rege Urbanität auf. Die Bräuche und die Verhaltensregeln waren noch nomadisch geprägt, das Leben aber schon städtisch, die Gebäude aus festem Lehm. Mekka war reich, aber der Reichtum war sehr ungleichmäßig verteilt; Mekka war tolerant gegenüber Göttern, aber ungnädig gegenüber Frauen und Waisenkindern, die keine Rechte besaßen.

Vielleicht verlief der Übergang von nomadischer zu urbaner Kultur ähnlich überhastet wie der Übergang von Beduinenzelten zu Betonpalästen, den die Saudi-Araber vor einer Generation durcheilten. Die Folge war heute wie damals eine zerrissene, ungerechte, gewalttätige Gesellschaft, und die Offenbarung Gottes an seinen Gesandten (saw) mit ihren revolutionären Konzepten muss in dieser Krise die Wirkung einer Explosion gehabt haben. Der Klan der Quraish, Monopolisten der Einnahmequelle Kaaba, befürchtete, die neue Religion würde ihn seiner Privilegien berauben. Doch nach seinem Sieg über Mekka ließ der Prophet (saw), stets ein kompromissbereiter Führer, die Pilgerschaft zur Kaaba fortbestehen; er fügte sie samt einiger ihrer althergebrachten Elemente wie dem siebenmaligen Umrunden und dem Laufen zwischen den Hügeln Safa und Marwah, in die Pilgerreise der neuen Zeit – die *Hadsch* – ein.

Am zweiten Tag ging ich die Treppen hinab zur Zam-Zam-Quelle; es war sehr schwül und sehr voll. Auf der linken, unteren Seite befand sich hinter einer Glaswand eine hochmoderne Pumpstation. Einige Pilger standen davor, doch sie zeigten kein Interesse für die Kolben, sie beteten eifrig, wie ich erst erkannte, als ich mich neben sie stellte. Es war von einer unfreiwilligen Komik, denn das gesegnete Zam-Zam-Wasser war nicht zu sehen, nur eine technische Installation aus Röhren, Hähnen, Behältern und Ventilatoren. Gebildete Muslims betonen immer wieder, weder das Zam-Zam-Wasser noch der Schwarze Stein dürften angebetet werden – das wäre *Shirk,* Vielgötterei, Animismus –, doch in den heftigen Gebeten zu meiner Linken zeigte sich der Drang, den eigenen Aberglauben zu befriedigen, Ausdruck der Unfähigkeit, die reine Lehre zu leben, den objektbefreiten Monotheismus.

(Zu den heiligen Quellen)

Ritus

Ritus bedeutet das künstlerische Überschreiten des materiellen Alltags, das Moment des besonderen Augenblicks, das wir alle brauchen – eine Erhöhung; eine Auszeit aus dem Trott, in dem fast alle Menschen gefangen sind. Und auf einer ganz banalen Ebene bedeutet der Ritus ein Fest der Farben, Formen und Bewegungen.

(WELT)

Achtsamkeit – nicht nur im Gebet

Die Vorbereitung zum Gebet ist ein beeindruckendes Beispiel von Selbstorganisation, das Gebet selbst ein Akt von erheblicher sozialer Symbolik. Ein jeder verneigt sich vor Gott unmittelbar hinter den Sohlen seiner Mitmenschen, egal wer der Höhergeborene oder der Bessergestellte ist. Die Gleichheit aller Menschen wird im gemeinsamen Gebet angemahnt. Wenn aber ein Prinzip so zentral ist im Ritual, wenn es so kompromisslos inszeniert wird, wie kann es dann außerhalb des Gebets völlig missachtet werden? Soziale Missstände sind immer und überall eine Schande, in islamischen Ländern verletzen sie aber die heilige Ordnung, verhöhnen das Gebet und sind somit neben dem weltlichen Versagen auch Ausdruck religiöser Verfehlung.

Wenn alle aufgereiht sind, die Füße in einer geraden Linie, weicht die aufgeregte Polyphonie einem stillen Intermezzo, in dem die Welt innehält und sich sammelt, bevor sie von dem Solo des Imam auf eine andere Umlaufbahn gestoßen wird. Das Gebet, eine Struktur aus geraden und ungeraden Zahlen – *Und bei den Geraden und bei den Ungeraden* (79:3), bei den Lebewesen also, und bei Gott –, vervollständigt die angelegte Symmetrie. In keiner anderen Religion ist dem Gebet ein so fester Rahmen vorgegeben, für den Einzelnen wie für die Gemeinschaft.

Auf der *Hadsch* beten alle zusammen. Die Haram al-Sharif ist die einzige Moschee der Welt, in der keine räumliche Trennung der Geschlechter stattfindet. Im Gedränge sind alle gleich, auch Frauen und Männer. Ansonsten beten sie getrennt, in verschiedenen Räumen, und wenn sich, im eigenen Haus etwa, ein Anlass für ein gemeinsames Gebet bietet, stehen die Frauen in der Regel hinter den Männern, um vor ihren Blicken geschützt zu sein.

(Zu den heiligen Quellen)

Wandlungen

Bis zum Beginn der eigentlichen *Hadsch*, dem Auszug in die Wüste, der Zeit der Läuterung, Opferung und Steinigung, waren es noch einige Tage; Tage zur freien Verwendung, an denen ich, wie viele andere, täglich ein *Tawaf* absolvierte, so viele Stunden wie möglich in der Haram al-Sharif verbrachte und gelegentlich eine saudi-arabische Zeitung auf Englisch las. Darin wurde überwiegend aus der islamischen Welt berichtet. Neben mir saßen mal iranische Frauen, mal ein algerischer Vorarbeiter, mal ein in Frankreich studierender Senegalese, mal ein indonesischer Ortsverband. Schon in der Früh füllte sich die Moschee, etwas später war jeder Quadratmeter besetzt, von Gruppen meist, die ein Areal okkupierten und den ganzen Tag dort verbrachten, die Gebete voneinander getrennt durch einige Schlucke Zam-Zam-Wasser. Der Raum wirkte wahrlich wie eine Zuflucht, eine Zuflucht vor der Hast der Welt, vor der eigenen Umtriebigkeit. Die Stille war ein Wunder, ein ruhiges Meer ohne Gezeiten. An einem guten Tag erzeugte ein einziger saudi-arabischer Busfahrer mehr Lärm, als von dem zarten Murmeln und den barfüßigen Schritten in der elliptischen Zuflucht ausging.

Die Meditation der anderen Pilger wirkte ansteckend. Ich spürte das Bedürfnis, mich zu versenken, nur wusste ich nicht worin. Ich konnte den Koran nicht auf arabisch rezitieren; ich las eine Sure oder einige Ayaat in der Übersetzung und begann dann über Inhalt und Sinn nachzudenken, bis ich feststellte, dass ich von der Ruhe wieder weggetrieben wurde. Ich versuchte zu beten, aber die Gebete gingen mir aus, nachdem ich alle meine Versprechen gehalten und alle meine Nächsten bedacht hatte. Für den Frieden der Welt zu beten, hat mir noch nie eingeleuchtet, und für mich selbst – nun, es war lehrreich zu erfahren, dass es nicht so viel gab, wonach ich mich sehnte. Also betete ich mit den Augen, blickte von der ovalen, nicht überdachten Terrasse der Haram al-Sharif auf die Kaaba hinab: Die Menschheit rotierte in einem gleichmäßigen Tempo, als stünde sie auf der Töpferscheibe Gottes. Stundenlang betrachtete ich dieses Perpetuum mobile der Hingabe; der Tag wechselte seine Farben, ich versenkte mich in den Anblick bis in die Dämmerung hinein.

In der Wüste – und man spürt die Wüste in Mekka trotz der allgegenwärtigen Klimaanlagen – sind die Farben am Tage wie weggewischt, und die Formen zerfließen. In der kurzen Phase des Übergangs zur Nacht aber versöhnt die Wiederkehr der Schattierungen mit der Kargheit des Tages. Es ist, als wäre ein Farbfächer auseinandergefallen, und das Auge staunt ob der vielen Weißtöne, die es auf einmal in den *Ihrams* entdeckt. Wenn die Moschee erstrahlt und der Himmel sich einschwärzt, wenn ein schmaler Mond über einer Minarettspitze balanciert, beginnt der neue Kalendertag mit einem Zauber. Ein Raubvogel schwebt zwischen Neumond und wechselndem Mond, abseits der Kaaba (Vögel können sie nicht überfliegen, und den Flugzeugen ist es nicht erlaubt). Wenn eine Taube sich dem Haus Gottes nähert, schrieb im Mittelalter Ibn

Jubayr, einer der ersten Berichterstatter von der *Hadsch*, dreht sie nach rechts oder links ab.

Auf der Terrasse umrunden jene die Kaaba, die unten keinen Platz gefunden haben, oder jene, die Abwechslung suchen. Für ein wenig Freiraum nehmen sie die um ein Vielfaches größere Entfernung auf sich. Wir schreiten zwischen den Minaretten hindurch, unbedrängt, gelegentlich von einem federleichten Wind gestreichelt. Mein Blick schleift über den Boden, und ich wiederhole *Allahu Akbar* ohne Unterlass – auf dem hellen Marmor hinterlassen Füße keine Spuren, jeder Schritt ist ein flüchtiger Schritt, einzig der Name Gottes bleibt, unverändert, unveränderlich. Andere Füße treten ins Blickfeld und wieder heraus, genauso flüchtige, vergängliche Schritte, die ihren Sinn nur im Bezug zur Kaaba finden, Hinweis auf das, was über Vergessen und Vergeblichkeit hinausreicht. Wie die Gebetskette, die immer wieder aufs Neue durch die Finger gleitet, ohne ein Ende zu nehmen.

(Zu den heiligen Quellen)

Rezitation in Stein

Ein Gebetsteppich besteht aus Ornamenten, aus Einladungen zur Konzentration. Der Betende fixiert den Kreuzungspunkt zweier Linien und versinkt darin, bis er sich nur noch im Gebet aufhält, alle Gedanken außen vor, losgelöst von jenem Alltag, der aus laufenden, schiefen und überladenen Bildern besteht.

Wir sind konditioniert, Schönheit zu erkennen, Schönheit zu genießen. Unabhängig von unseren kulturellen Prägungen. Wir sind zwar nicht immer einer Meinung, was schön ist (obwohl ich von keinem gehört habe, der die Alhambra als hässlich bezeichnet hätte), aber wir sind uns einig, dass Schönheit einem menschlichen Bedürfnis entspricht und dass sie zu einem spirituellen Erlebnis führen kann. Der Anblick von Schönheit ist ein „erhabenes Gefühl", das im Wechselzug das Betrachtete adelt.

Ob es nun die Schönheit eines Gedichtes ist, eines schönen Teppichs, eines schicken Autos oder gar die Eleganz eines Freistoßes, der Mensch ist empfänglich für Schönheit.

Wenn wir die verschiedenen Ausdrucksformen im Islam betrachten, so sehen wir auf den ersten Blick ein herausragendes gemeinsames Merkmal. Jede Kalligraphie, jede Rezitation und jeder Gebetsteppich ist ausgestattet mit kunstvollen, oft sehr filigranen Mustern und Klängen;

mit einer Ästhetik, die in einem einzigen Wort zusammengefasst werden kann: Symmetrie. Man könnte annehmen, dass diese Schönheit keine andere Funktion habe, als die Sinne zu erfreuen und Gott und Seine Schöpfung zu feiern, aber da ist mehr als auf den ersten Blick zu erkennen wäre – die Ornamente reflektieren und beinhalten eine größere Wahrheit.

In Sure 82/Vers 7 heißt es: *Der dich erschuf, dann dich in Symmetrie formte und dann dir die richtige Gestalt gab.* Wir finden im Koran zahlreiche Aussagen dieser Art, aus denen man erkennen kann, dass Symmetrie nicht ein künstlerisches, sondern ein spirituelles, ethisch-moralisches Konzept ist.

Die richtige Proportion ist ein zentrales Qualitätsmerkmal der Schöpfung Gottes. Symmetrie ist ein Wert an sich. Durch die Anwendung der Regeln von Symmetrie und Proportion in seinem eigenen Leben, folgt der Gläubige Gottes Beispiel.

Schauen wir uns die Muster und Ornamente, die in der islamischen Welt allgegenwärtig sind, etwas näher an. Stellen wir uns vor, dass wir auf eine Nische der *Qibla* (Gebetsrichtung) blicken, auf eine Holztür im Eingang einer Moschee oder auf einen Teppich. Wir sehen kleine Elemente von gleicher Form und Größe, die zusammenwirken, um größere Elemente zu bilden. Diese wiederum bilden mit anderen Elementen von gleicher Form und Größe eine noch größere Einheit, und dieses Muster setzt sich bis zum Ende der Mauer, der Tür, des Teppichs fort.

Wir können einige grundlegende Prinzipien dieser Muster erkennen: Ausgeglichenheit, Wiederholung, Zusammenspiel, Kontinuität.

Keinem der Elemente wird ein höheres Gewicht eingeräumt, weder was die Perspektive noch was die Hervorhebung angeht – ein Ausdruck dessen, vielleicht, dass alle Menschen gleich sind. Es gibt kein Element, das sich von den anderen abhebt. Die Motive wiederholen sich unablässig, wie das tägliche Gebet. Wir finden somit ein Zusammenspiel von Makro- und Mikrokosmos vor, zwischen abstraktem Entwurf und konkretem Dasein.

Das Geheimnis dieser Schönheit liegt in der komplexen Beziehung, die zwischen all diesen gleichwertigen Teilen besteht. Sie sind von dem zentralen Prinzip, von der übergeordneten Wahrheit abhängig. Das Muster, das als Ganzes nur geschaffen werden kann von jemandem, der außerhalb des Musters steht, jemand, der größer als alle Teile zusammen ist.

So steht die Arabeske, wie Muster dieser Art oft genannt werden, sowohl für die göttliche Struktur, die Unbegrenztheit der Schöpfung, als auch für den kontinuierlichen Prozess von Zivilisation, ebenso wie für die Fortdauer des persönlichen Strebens nach Verständnis und Empathie. Islamische Kunst in ihren vielen Formen ist eine einzige Lobpreisung. Die Arabeske ist nichts anderes als eine Rezitation, gehauen in Stein, geschnitzt in Holz, gewoben in Stoff.

Was aber ist ihr Effekt und wie fordert sie uns heraus? Durch ihre grenzenlose Schönheit lädt sie uns zur Kontemplation ein. Sie lädt uns ein, unsere Sinne, auch unsere inneren Sinne, zu läutern, um für eine höhere Realität offen sein zu können.

Der vorzügliche Effekt eines zutiefst schönen Gegenstandes ist, dass er uns daran erinnert, wie unzureichend äußere Schönheit ist. Es weist uns auf etwas Größeres hin, etwas, das tiefgründiger ist.

Laut Aishas Überlieferungen waren die ersten Offenbarungen die sich an den Propheten Muhammad richteten, visueller Art: „Das erste Zeichen für sein Prophetentum, das dem Gesandten gewährt wurde, war eine echte Vision, gleich dem Strahlen, das den Morgen ankündigt." Ibn Ishaq, der erste Biograph des Propheten, berichtet von jenen, in deren „Herzen der Islam eindrang", als sie aufmerksam der Koranrezitation lauschten. Er spricht davon, dass die Mauern von Vorurteilen und Angst so eingerissen wurden. Die Schönheit der Wörter und des Rezitationsstils bilden den Antrieb für dieses Eindringen. Schönheit ist wie ein Dieb, der in unser Haus einbricht, in unser kleines Haus voller Vorsicht. In unser engstirniges und kurzsichtiges Dasein dringt er mit solch einer Macht ein, dass es manchmal unser Leben verändert.

Das Rezitieren des Koran, die Betrachtung von Ornamenten oder das Lesen von Kalligraphien ist daher keine intellektuelle Übung, durch die Informationen eingeholt oder Anweisungen erhalten werden, sondern eine Übung in spiritueller Disziplin.

Disziplin ist eine Eigenschaft von Schönheit, die oft übersehen wird. Disziplin nährt die Beständigkeit und verhindert den Opportunismus, der uns allen eigen ist. Beständigkeit bedeutet, Harmonie und Ausgeglichenheit in allen Bereichen, auf allen Ebenen unseres Daseins zu finden.

Beständigkeit in moralischer Hinsicht bedeutet das Gegenteil von dem, was der Koran immer wieder kritisiert: Heuchelei. Aber sie ist auch eine Herausforderung, die im Alltag umzusetzen uns sehr schwierig erscheint.

Menschen sind fähig, ihre Kräfte für einen bestimmten Teil des Tages, für eine bestimmte Handlung einzusetzen. So gelingt es ihnen zum Morgengebet aufzustehen, sich jedoch unmittelbar nach dem Gebet wieder schlafen zu legen, obwohl das Gebet vor Sonnenaufgang den Tag einläuten sollte. Sie respektieren den Koran, sie achten darauf, dass er immer an einen erhöhten Platz gelegt wird und mit Ehrerbietung und in einem reinen Zustand berührt wird, aber sie lesen ihn selten. Sie sind großzügig zu einem Verwandten, aber ausfallend gegenüber einem Fremden in Not. Sie rügen ihre Kinder, wenn sie fluchen, aber sie selbst machen vor Bestechung nicht halt. Sie achten darauf *halal* zu essen, vergiften aber zugleich ihren Verstand mit stumpfen TV-Shows und Gewalt-Filmen. Sie lassen kein Gebet aus, sind aber nachlässig mit ihrem Denken.

Wann immer wir das Ideal der Beständigkeit verfehlen, leidet unsere Schönheit darunter, nicht schön im Spiegel, nicht schön für unsere Brüder und Schwestern und nicht schön in den Augen Gottes. Wie aber können wir nach jener Schönheit streben, die hinter jener liegt, die wir mit Augen und Ohren erfassen können? Mit den uns gegebenen Fähigkeiten, mit Verstand und Phantasie. Echter Glaube beginnt jenseits des Nachplapperns von angenommenen Wahrheiten. Jeder von uns ist dazu aufgerufen, allgemeine Wahrheiten in eine persönliche Bedeutung umzuwandeln und aus den eigenen sinnlichen Wahrnehmungen das eigene Streben zu definieren. Gott ist bekanntermaßen allhörend und allsehend, Menschen aber sind es nicht.

Denn die göttliche Offenbarung ist in eine menschliche Form gegossen – Sprache, ein beschränktes Medium, wie wir alle wissen. Die vermeintlich universale Botschaft muss also von jedem Einzelnen von uns verstanden werden, mit all unseren persönlichen Einschränkungen, Grenzen, Kapazitäten und Vorurteilen. „Und Taubheit liegt auf Euren Ohren", heißt es im Koran, „und zwischen Uns und Euch liegt ein Schleier." Um diesen Schleier zu zerreißen, existiert ein Prozess namens *Ta'wil*, die symbolische Interpretation des Textes, durch die man nach seiner tieferen Bedeutung suchen kann. *Ta'wil* bedeutet wörtlich etwas auf seinen Anfang oder Ursprung zurückführen. Im Koran wird ausdrücklich dazu ermutigt. Wenn man sich dem heiligen Text zuwendet, reist man von der äußeren Bedeutung *(zahir)* zu seiner verborgenen, inneren, tieferen *(batin)* Bedeutung, um dessen Bedeutung für das eigene Dasein zu entdecken. Die Vorstellungskraft ist ein wichtiges Element beim *Ta'wil*. Dank unserer Vorstellungskraft können wir die Zeichen der Schönheit lesen und sie in eine bedeutungsvolle Erfahrung umsetzen. Insofern ist Phantasie ein entscheidendes Instrument der Erkenntnissuche, und natürlich die Quelle aller Schönheit – wer die Phantasie einschränkt, verbarrikadiert den Weg zwischen innerer und äußerer Bedeutung. Der Mensch wird zum Sklaven des heiligen Textes.

Am ersten Tag meines Aufenthaltes in Mekka war ich sehr beeindruckt, wie schnell sich die Menschenmassen auf den Straßen um die Große Moschee in eine Ordnung fügten, sobald sie den Gebetsruf hörten. In wenigen Minuten verwandelte sich das chaotische Getümmel zu einer geometrischen Struktur. Die Pilgernden wurden Teil eines lebenden Ornaments, Teil eines nahezu perfekten Musters in kilometerlangen Reihen, jeder Einzelne im gleichen Abstand zum Nächsten. Schon bald danach wiederholte sich dies bei den Rezitationen. Die Polyphonie der Stimmen verklang, um der einzelnen Stimme des Imams Raum zu geben. Mir wurde bewusst, dass dieses Muster in Gebeten reproduziert wird. In jedem Gebet wird eine Struktur befolgt, die aus gleichmäßigen und unregelmäßigen Wiederholungen besteht (wie es in der Sure *Fajr* heißt: Und beim Geraden und Ungeraden). Also sind die Betenden – ob in Mekka oder anderswo – Teil einer Symmetrie, die in ihnen selbst einen Anfang findet, in ihren eigenen Bewegungen und Handlungen, zugleich auch ihre Brüder und Schwestern um sie herum umfasst und – unsichtbar zwar, aber vorstellbar – die gesamte Gemeinschaft umspannt. Später an diesem ersten Tag in Mekka, während des Gebets vor der Kaaba, wurde dieses Muster vergrößert. Ich stellte mir nun alle Muslime weltweit vor, die genau in diesem Moment beteten und ich sah eine Vielzahl konzentrischer Kreise um die Kaaba, und da erschien mir die gesamte *Umma* (Gemeinschaft aller Muslime) wie ein einziges schönes Ornament.

Die Göttlichkeit des Schöpfers besteht in seiner Unerschaffenheit und damit in seiner Transzendenz, d.h. seiner wesensmäßigen Unvergleichbarkeit mit all dem, was er erschaffen hat. Darstellende Bilder können nur Erschaffenes näher bringen, im Koran und in der Moschee geht es aber darum, die Gegenwart des Schöpfers zu verinnerlichen. Der Koran betont, dass Gott sich der menschlichen Vorstellung entzieht und dass wir über Ihn nur in Zeichen und Symbolen sprechen können, die Sein unbeschreibliches Wesen zugleich offenbaren und verbergen.

(Originalbeitrag)

Fasten: Hunger nach mehr

Gelegentlich sollte der Mensch sich in Bescheidenheit und Demut üben, einmal im Jahr wenigstens. Er sollte sich der Segnungen bewusst werden, die er im Leben genießt, den Mangel verspüren, den andere leiden, und sein Herz öffnen, indem er seinen Magen zuschnürt.

Etwa ein halbes Jahr nach dem Beginn meiner Vorbereitung für die *Hadsch* klingelte spät am Abend mein Telefon, und Burhan erklärte mit gravitätischer Stimme, der Neumond sei gesichtet worden, ich könne mit dem Fasten beginnen. Ich ging in die Küche und bereitete mein Frühstück vor, um am nächsten Morgen keine Zeit zu verlieren. Ich stellte den Wecker auf 4.30 Uhr und schlief schlecht – mein Unterbewusstsein befürchtete, ich würde nicht rechtzeitig aufwachen. Vor der Zeit schaltete ich den Wecker wieder aus und kroch aus dem Bett. Es war die ruhigste Stunde in Bombay – der Moloch holte Luft, sammelte sich. Der Indische Ozean war eine schwarze Leere hinter dem ausgedünnten Lichtermeer. Ich versuchte, soviel zu essen, wie ich nur konnte – um diese Uhrzeit ein schwieriges Unterfangen. Obwohl ich mir den langen Tag ohne jegliche Mahlzeit vor Augen führte, schwächelte mein Appetit.

Nach *Fadschr* stellte ich mich ans Fenster und betrachtete zum ersten Mal seit vielen Jahren, wie sich der Sonnenaufgang ankündigte, wie sich die Leere des Ozeans in ausgelaufene Tinte verwandelte, wie das Firmament von den Rändern her sein einheitliches Schwarz aufgab. Irgendwann war jener flüchtige erste Augenblick der Dämmerung erreicht, an dem man einen schwarzen von einem weißen Faden unterscheiden konnte. Von nun an durfte man nichts mehr hinunterschlucken, nicht einmal die eigene Spucke.

Bis zum Sonnenuntergang kein Essen und keinen Sex – das würde ich auf mich nehmen. Aber ich hatte wegen einer stark beschädigten Niere Bedenken, den ganzen Tag nichts zu trinken, und fragte deswegen Burhan, ob ich nicht mittags ein Glas Wasser zu mir nehmen könnte.

Im Islam, sagte Burhan, sollst du zu nichts gezwungen werden, was deiner Gesundheit schaden könnte. Wenn ein islamischer Arzt bestätigt, dass du während des Tages etwas Wasser zu dir nehmen musst, dann kann man dir daraus keinen Vorwurf machen. Nur musst du *Fidya* zahlen, weil du das Fasten nicht richtig einhältst.

Die Kompensation bestand darin, einen jungen obdachlosen Mann für die Dauer des Ramadan zu ernähren.

Während des Fastens war unser Unterricht ausgesetzt, die *Ulema* widmeten sich dem Gebet und der Koran-Rezitation. Sie hatten das Privileg, nicht arbeiten zu müssen. Berufstätige Muslims nehmen Urlaub, oder sie arbeiten mit halber Kraft. Für jene, die körperlich hart schuften müssen, ist Ramadan eine Qual.

Am späten Nachmittag trafen wir uns in der Moschee. Im Innenhof waren Matten ausgelegt. Jeder legte das Essen, das er mitgebracht hatte, in die Mitte und nahm irgendwo Platz. Wir saßen nebeneinander in langen Reihen und warteten still auf *Iftar*, das Brechen des Fastens unmittelbar nach Sonnenuntergang. Vor uns lag eine Komposition unterschiedlicher Früchte und Nüsse sowie ein Linsenbrei namens Kitschri. Die Papaya war prall orange, die Wassermelone stark rot – die Farben schienen wie gerade erfunden, und der Geruch, der von der Matte aufstieg, versprach einen betörend frischen Neuanfang am Ende eines langen und heißen Tages. Wir saßen still, die Augen gesenkt, in Gedanken oder in gar keinen Gedanken versunken.

Am ersten Tag war das Fasten leicht, die Spannung ob der neuen Erfahrung überwand den Hunger. Aber an den folgenden Tagen wurde ich im Laufe des Nachmittags zunehmend müder, konnte mich nicht konzentrieren, war gereizt, lustlos. Es gab Schübe, da war ich außerordentlich klar im Kopf, und Zeiten, da war der Erschlaffung nur mit Schlaf beizukommen.

Der Muezzin rief, und wir griffen nach einer Dattel, einem Glas Wasser. Es ist Pflicht, das Fasten sofort zu brechen, ein scheinbar überflüssiges Gebot, aber in diesem Moment drängte ein Teil von mir, das Essen noch ein wenig hinauszuzögern, die beglückende Erwartung auf den ersten saftigen Bissen zu verlängern, und gewiss gibt es Menschen, die sich in eine schädliche Ekstase des Fastens hineinsteigern. Wir nahmen Papaya- oder Melonenstücke von der Matte, und wenn sie zu groß waren, brachen wir sie entzwei und teilten sie mit unseren Nachbarn. Die Stille setzte sich beim Essen fort. Die versammelten Männer waren überwiegend arm. Wer selber nichts zu essen hatte, setzte sich an eine der Matten und aß wie selbstverständlich mit. Abgesehen von der *Hadsch* habe ich nichts erlebt, was das Gefühl von Gemeinschaft mehr stärkt.

Etwa zehn Minuten lang wurde konzentriert gegessen, dann brachen alle in einer gewissen Hast auf, weil die Zeit des *Maghrib*-Gebets angebrochen war, drängten sich an den Waschstellen und eilten tropfend in die Moschee. Ich empfand es immer als schwierig, den erlösenden Geruch der Papaya aus meinem Kopf zu verbannen – ich widmete das Gebet dem Wunder der kleinen Schöpfungen.

Zu Ramadan war das Nachtgebet erheblich in die Länge gezogen, denn innerhalb der vier Wochen muss der gesamte Koran rezitiert werden (*Tarawih*). Und da der heilige Text nicht abgelesen werden darf, waren am Abend die *Hafiz* unter meinen Ulema-Brüdern sehr beschäftigt. Sie hatten meistens schon in sehr jungen Jahren den gesamten Koran auswendig gelernt, und einige von ihnen, vor allem Sajjid und Khalid, rezitierten mit geübter, kunstvoller Stimme. Sie wurden eingeladen, in den wohlhabenderen Häusern der Stadt das *Tarawih* zu verrichten – für die Frauen, die es meist bevorzugten, zu Hause zu beten, zumal manche der Moscheen keinen gesonderten Raum für Frauen aufwiesen. Für all jene, die wie ich des Arabischen nicht mächtig sind, ist *Tarawih* entweder eine meditative Übung oder aber eine manchmal mühsame Ange-

legenheit, eine abendliche Stunde der starren Pflichterfül-
lung, die besser damit zugebracht wäre, selbst den Koran
zu lesen und darüber nachzudenken.

Mit vollem Magen ging ich allabendlich ins Bett, und
was ich befürchtet hatte, geschah zu Beginn der zweiten
Woche. Ich verschlief, und der Tag, der ausgeruht begann, endete mit Hungerkrämpfen.

Die letzten Tage des Fastenmonats kann man nach einer
Tradition, die *Iiteqaaf* genannt wird, zur Gänze in der
Moschee verbringen. Einige der *Ulema* waren für zehn
Tage umgezogen; sie hatten einen Vorhang in einer Ecke
der Moschee gespannt, der ihre Taschen verbarg und ihren Schlafbereich absteckte. Sie freuten sich sehr, dass ich
für die letzten zwei Tage hinzukam. *Iiteqaaf* war eine her-
vorragende Vorbereitung auf die *Hadsch*, denn in dieser
Zeit erlebte ich zum ersten Mal eine Umkehrung, bei der
nicht der Alltag durch das Gebet unterbrochen wurde,
sondern das Gebet durch einige alltägliche Bedürfnisse.
Und ich erfuhr die Schlaflosigkeit der gesteigerten Hingabe.

In der ersten Nacht wurde ich durch einen Singsang ge-
weckt. Suleiman saß im Innenhof der Moschee und rezi-
tierte mit einer Stimme, die lauter war, als ich es von den
anderen gewohnt war. Ich setzte mich zu ihm.

Einer musste immer rezitieren, erklärte er mir zwischen
zwei Suren. Etwas später raschelte es um die Ecke, und
Suleiman warf mir einen beunruhigten Blick zu.

Hörst du das? Das sind *Dschinns*, aber sie trauen sich nicht heran, solange wir den heiligen Koran sprechen. Und er fuhr mit der Rezitation fort.

Es dauerte nur einen Tag, da empfand ich schon einen Abstand zu jenen, die nur kurz für das Gebet hereinschneiten (so schien es mir), um danach wieder nach draußen zu verschwinden, in einem Tempo, das mir wie Hetze erschien. Wir hingegen füllten die erste Reihe hinter dem Imam aus, wir beteten vielleicht nicht intensiver, gewiss aber ausführlicher. Wir ließen uns nach dem gemeinsamen Gebet Zeit, blieben lange sitzen, sprachen stumm alles an, was sich als Sorge oder Unsicherheit angesammelt hatte. Es war leicht zu glauben, dass wir Gott näher standen.

Den Ramadan zu erleben – ein Kampf, der täglich mit einer Belohnung endet – hat etwas Heroisches an sich. Es bestätigt die eigene islamische Identität (das erklärt, wieso viel mehr Muslims sich an das Fasten als an die fünf Gebete halten), es durchbricht den Alltag, den Kreislauf des ewig Gleichen, und es endet in Id al-Fitr, dem großen Fest, mit Geschenken und einem Mahl, das für alle Entbehrungen entschädigt.

(Zu den heiligen Quellen)

Licht und Schatten

Auch heute trägt das öffentliche Leben die Maske der Heuchelei, ein besonders problematisches Übel, denn der Prophet (saw) verspürte eine tiefe Abneigung gegen Heuchelei (sie findet häufige Erwähnung im Katalog der Sünden). Die herrschende Ideologie des Wahhabismus – eine puritanische Lehre, benannt nach dem Erweckungsprediger Mohammed Ibn Abd al-Wahhab (1703–1792) – bedient sich nach Belieben aus dem Angebot der Tradition. Auslegung und Einhaltung der Gesetze werden nach Opportunität verhandelt. Schon bei der ersten Einnahme von Medina durch die Wahhabiten vor zweihundert Jahren wurden die Schätze der Großen Moschee geraubt, angeblich, um sie an die Armen zu verteilen, doch der Anführer Saud verkaufte einen Teil an den Sharif von Mekka und behielt den größeren Teil selbst. Obwohl die Gebote des Propheten (saw) unveränderte Gültigkeit haben sollen, werden bestimmte *Ahadith* als Grundgesetze postuliert, andere schlichtweg übersehen. So bestimmt etwa ein *Hadith*, man solle sein Haus nicht viel größer als das seines Nachbarn bauen, auf dass sich dieser nicht erniedrigt fühle, doch der gewaltige Königspalast in Mekka stellt nicht nur seine Nachbarn, sondern das Haus Gottes selbst in den Schatten.

Ein anderes Hadith mahnt: Bezahle die Leute, die für dich gearbeitet haben, bevor ihnen der Schweiß auf der Stirn getrocknet ist. Doch saudi-arabische Arbeitgeber bleiben ausländischen Bediensteten, die zu Hunderttausenden aus den ärmeren Regionen des Islam sowie aus einigen nicht-islamischen Ländern wie den Philippinen eingeflogen werden, regelmäßig das Gehalt schuldig. Es werden auch bedenklich viele Vorwürfe der Misshandlung laut. Im philippinischen Konsulat harren Kindermädchen aus, in einem Fall seit achtzehn Monaten, denen man Lohn für ein halbes Jahr oder mehr schuldet und die das Land nicht verlassen können aus Angst, ihren Anspruch zu verlieren. Und die Prasserei der saudi-arabischen Oberschicht verstößt gegen ein weiteres, sehr bekanntes *Hadith*: Allah verachtet dich, weil du seinen Reichtum verschwendest.

Der Wahhabismus, im Westen ohne Erklärungswert als „fundamentalistisch" bezeichnet, verwirklicht das holistische Programm des Islams nicht einmal in seinen Grundzügen. Weder die absolutistische Monarchie noch die totalitäre Unterdrückung von freier Meinungsäußerung finden im Koran eine Rechtfertigung. Die fürstliche Elite lässt streng über die Gesetze wachen, doch wenn es dem eigenen Interesse dient, schließt sie beide Augen. Die angebliche Rückkehr zum ursprünglichen Islam entpuppt sich bei genauerer Betrachtung als eine Instrumentalisierung der Religion zum Zwecke des Machterhalts und der Manipulation der Massen.

Aber weil sie die heiligen Stätten sauber und zugänglich halten, weil sie die Infrastruktur laufend verbessern, weil sie die *Hadsch* gefahrloser und gerechter gemacht haben, schlägt den Gastgebern auch viel Wertschätzung entgegen. Mit der Machtübernahme von König Saud im Jahre 1925 trat zum ersten Mal in der Geschichte Rechtssicherheit ein, die Erpressung von Schutzgeldern wurde abgeschafft, die Macht der Pilgerführer ebenso eingeschränkt wie das Monopol des Sharifs auf das Zam-Zam-Wasser, das die Pilger zuvor teuer zu stehen kam, heute hingegen kostenlos verteilt wird. Die Saudi-Araber nehmen ihre Aufgabe als Hüter der heiligen Moscheen und Stätten sehr ernst, und sie scheuen keine Investition, um die *Hadsch* sicherer und bequemer zu gestalten. Dankbarkeit wird daher ebenso häufig geäußert wie Kritik.

(Zu den heiligen Quellen)

Falsche Prioritäten

Du hast erlebt, rief er mit der Inbrunst eines Wanderpredigers aus, was für ein leichtes Spiel *Shaitan* (Satan) heute hatte. Es ist verboten einen anderen Muslim zu rempeln, geschweige denn ihn zu verletzten. Die meisten Hadschis wissen nicht, was sie tun. Sei verletzen nicht nur ihre Brüder und Schwestern, sie verletzen den Geist des Islam selbst. Auch an der Kaaba. Um den Schwarzen Stein zu berühren, um ihn zu küssen – was nichts bedeutet, was völlig wertlos ist, eine symbolische Handlung, mehr nicht –, sind sie bereit, Sünde um Sünde auf sich zu laden. Das geht nicht auf, das ist der reine Wahnsinn. Viel zu wenige wissen, was Islam wirklich bedeutet.

Ich zeigte ihm die Heftchen, die mir einige junge Aktivisten auf der Straße in die Hand gedrückt hatten. Die Wahl der Themen war überraschend. „Isbaal" war das eine Heftchen betitelt – „Die zugelassene Länge der Beinbekleidung", in dem ein gewisser Dr. Saleh as-Saleh auf sechzehn Seiten über die Höllenstrafen referierte, die dem Träger kurzer Hosenbeine angedroht werden. Falsche Prioritäten – Arif und ich waren uns einig –, blinde Pedanterie. Die Paragraphenhengste hatten im gegenwärtigen Islam eine viel zu laute Stimme, die Moralisten und die Mystiker hingegen flüsterten.

Sag mir, fragte Arif unvermittelt, was ist deine Lieblingssure?

Sura Al-Mau'un, sagte ich.

Ein gutes Beispiel, hervorragend.

Ara 'aytalladhi yukadhdhibu biddin
Fazaalikal ladhii yadu: ul-yatiim
Wa laa yahuddu'alaa ta'aamil miskiin.

Hast du den gesehen, der den Glauben leugnet
Er ist jener, der die Waise verstößt
Und nicht sorgt für die Speisung der Armen.

Was sagt uns das? Überlege dir mal, wie viele Sünden Allah ta'ala hätte anführen können, um jene zu bezeichnen, die schwach sind im Glauben. Doch er hat von all diesen Sünden den Egoismus ausgesucht, die Kaltherzigkeit, das fehlende soziale Gewissen. Was für ein klarer Aufruf!

Wir standen in einer Ecke des Lagers und frönten der kleinen Sünde einer Zigarette. Gewiss war die Krise des gegenwärtigen Islam nicht zuletzt durch einen Mangel an sozialer Verantwortung bedingt. Obwohl der Koran, mehr noch als das Neue Testament, soziale Gerechtigkeit und mitmenschliche Solidarität zu einer Pflicht des Einzelnen und einem Pfeiler der Gemeinschaft ernennt, herrscht in den meisten muslimischen Ländern eine eklatante Diskrepanz zwischen Fürsorge und Indifferenz. Erst am Vorabend hatte Badrubhai das Gebot klar in Worte gefasst:

Wenn wir wahre Menschen sein wollen, müssen wir die Nöte und das Wohl unserer Mitmenschen berücksichtigen. Der Prophet Sallallahu alaihi wa-sallam hat gesagt, dass man erst dann ein Muslim ist, wenn man jeden Morgen an seine Brüder und ihre Bedürfnisse denkt.

Die Verantwortung für das allgemeine Wohl ist in den Hintergrund getreten, die Sorge um das eigene Wohl überwiegt. Das Konzept der Umma ist nur mehr ein sentimentales Sofa, auf dem man es sich bequem machen kann. Die Identifikation reicht im Alltäglichen nicht einmal so weit, dass man seinen Bruder nicht wegschubst, dass man ihm seinen Platz in der Schlange nicht streitig macht (das Warten auf eine freie Kabine in einer der vielen Telefonzentralen wäre hervorragend geeignet gewesen für Hobbes'sche Studien).

Der Islam, fuhr Arif erregt fort, wird von vielen nur nach den Buchstaben des Gesetzes befolgt, nicht aber nach seinem Geist. Man steht vor dem Sonnenaufgang zum Morgengebet auf, aber man legt sich danach wieder schlafen, obwohl *Fadschr* eigentlich den Tag einläuten sollte. Man hält die Disziplin der fünf Gebete ein, aber ansonsten nicht viel von Disziplin. Man achtet peinlichst genau darauf, dass der Koran immer oben auf liegt und nie mit unreinen Händen angefasst wird, aber man liest ihn nicht. Man ist großzügig zu einem Verwandten, aber ausfallend gegenüber einem Bettler. Man schimpft seine Kinder aus, wenn sie fluchen, aber man zahlt Schmiergelder. Man achtet peinlich genau darauf, *halal* zu essen, aber vergiftet seinen Geist mit dämlichen Fernsehserien. Man ist achtsam beim Gebet und schlampig in seinem Denken.

Diese Inkonsequenz war Arif ein Dorn im Auge, und ich konnte seine Enttäuschung nachvollziehen. In ihren schönsten Momenten lässt die *Hadsch* einen glauben, dass ein anderes Leben und eine andere Menschheit möglich sind. Pilgerfahrten zählen zu den großen Euphoriestiftern.

Ein Ruck geht durch die Masse, ihre Trägheit ist kurzfristig aufgehoben, und in diesem Zeitraum des Aufrüttelns scheint ein Richtungswechsel möglich. Umso ernüchternder ist die Erkenntnis, dass bald alles wieder zusammenfällt, an seinen althergebrachten Platz.

(Zu den heiligen Quellen)

3
REISEN:
EIN GLÜCK

Der Ruf der Liebe, Sehnsucht ergriff mein Herz:
Reise!

(RUMI)

Ein Blick von außen

Der Blick von außen ist immer frisch und notwendig. Man ist nicht auf einer Autobahn, sondern kommt über die Hügel und Schleichwege, und sieht deswegen die Landschaft anders.

(Islamische Zeitung)

Der heilige Geschichtenerzähler Narada, ein Hansdampf in allen altindischen Epen, sagte einmal zu den manasaputras, den Söhnen des Denkens: Wie könnt ihr erschaffen, wenn ihr selber noch ein Nichts seid? Reist zuerst um die Welt, bildet euch eine Vorstellung von ihr, dann könnt ihr mit Urteilskraft schöpfen. Die Söhne des Denkens stimmten zu und brachen auf. Seitdem hat sie niemand mehr gesehen.

(Antrittsvorlesung)

Also brich auf

Reisen ist für mich Instrument, Inspiration und Thema des Schreibens, weil es die richtige Lebensführung betrifft, weil es wie Literatur der Katharsis dient. In dem hinduistischen Lehrbuch *Aitareya Brahmana* steht: „Es gibt kein Glück für den Menschen, der nicht reist. In menschlicher Gesellschaft wird auch der Beste zum Sünder. Gott ist der Freund der Reisenden. Also brich auf." Ähnlich den christlichen Wandermönchen von einst ziehen noch heute die indischen Asketen, Sadhus genannt, durch das Land. Die Orthodoxeren unter ihnen verbringen keine zwei Nächte am selben Lagerplatz. Die Immobilität – körperlich oder geistig! – trägt potentiell alle Sünden in sich, sei es Gier, Egoismus, Materialismus oder Gewalt.

(Ortswechsel)

Man sollte sich nackt machen, damit was passiert

Sie haben lange in Bombay gelebt, dann in Kapstadt. Zuletzt überlegten Sie, nach Istanbul oder Marokko zu ziehen. Wo leben Sie gerade?

In Mainz. Da bin ich Stadtschreiber. Die Entscheidung hat sich um ein Jahr verschoben. Ich tendiere zu Wien. Es wäre nicht schlecht, im deutschsprachigen Raum zu leben und gleichzeitig am Rand zu sein. So einen Ort suche ich, einen Ruheort.

Das nomadische Leben ist vorbei?

Das Sesshaftwerden interessiert mich vor allem wegen meiner Bibliothek. Meine Bücher sind überall verstreut, in Kapstadt, im Keller meiner Mutter, bei Freunden in München. Manchmal will ich was nachschlagen und weiß nicht einmal, wo sich das Buch befindet. Das gibt mir ein Gefühl von Verunsicherung. Das Nomadische stimmt bei mir so nicht. Jemand, der Bücher kauft, ist kein Nomade.

Ihr Roman „Der Weltensammler" über den Abenteurer Richard Burton hat sich 100.000 Mal verkauft. Wie erklären Sie sich den Erfolg?

Das Buch hat einen existenziellen Nerv getroffen. Die Art der Reaktion ist sehr persönlich. Man applaudiert nicht der literarischen Leistung, sondern sagt: Sie haben mir aus der Seele gesprochen. Viele Leute verspüren ein Unbehagen an der gegenwärtigen Tendenz, kulturelle Differenz als etwas darzustellen, was es zu überwinden gilt. Dabei ist sie ein beglückendes, inspirierendes Angebot an Offenheit und Vielfalt. Außerdem ist kulturelle Differenz der Naturzustand. Die Kulturentwicklung ist eine ewige Hybridisierung.

Was heißt das?

Das heißt, dass kulturelle Elemente, die sich unterscheiden, immer wieder zusammenkommen und sich vermischen. So entsteht Kultur. Was wir als Tradition bezeichnen, ist eine vergessene Hybridisierung. Wir vergessen auch oft, dass die Leute, die uns kanonisch erscheinen, nicht aus dem Zentrum kamen, sondern von den Randgebieten. Kafka, Celan, Canetti. Doch in bestimmen Momenten wird das Selbstverständliche zum Problem, weil eine bestimmte politische oder religiöse Ideologie das zuspitzt. Es gibt Kräfte der Fanatisierung, die diese Vielheit angreifen, weil sie ihre Kontrolle gefährdet. Wenn jemand heute hysterisch reagiert, weil eine Frau ein Kopftuch trägt, muss man fragen: Was bedroht das Kopftuch eigentlich? Inwieweit ist die Reaktion der Provokation angemessen?

Gibt es auch heute Orte, an denen Sie Ihre Vorstellung der offenen Gesellschaft verwirklicht sehen?

Das Leben in London ist unendlich offen. Deshalb waren die Bombenanschläge dort so schmerzhaft. Sie haben sozusagen den idealen Ort getroffen.

Sie haben von Hysterisierung gesprochen. Seit wann nehmen Sie die wahr?

In den neunziger Jahren war klar zu spüren, dass neue Feinde gesucht und aufgebaut wurden, und es gab einschneidende Ereignisse wie den Bürgerkrieg in Jugoslawien, die den Mythos einer heilen Welt nach dem Fall der Mauer zerstört haben. Nur bei uns hielt sich lange der illusionäre Glaube, die Probleme seien gelöst. Umso heftiger und hysterischer war die Reaktion auf neue Konfliktherde. Es gibt im Moment drei Bestseller, die vor einer Islamisierung Deutschlands warnen. Da kann ich nur lachen. Wo denn, bitte? Es gibt nicht einen Moslem, der hier etwas zu sagen hat. Weder im Beamtenapparat noch in der Industrie oder beim Militär. Es kann nicht sein, dass die Leute wirklich glauben, dass Deutschland vor den Islamisten in die Knie geht. Das ist nur ein Reflex. Die USA sieht das so, und wir als Verbündete dackeln hinterher. Auch bei der Zweisprachigkeit werden die Leute manipuliert.

Meine Erfahrung ist, dass – wie zum Beispiel in Kreuzberg – die Zweisprachigkeit Normalität ist und Kitas und Schulen darauf reagieren.

In der „F.A.S." haben sie gerade einem Professor einer provinziellen Universität eine halbe Seite freigeräumt, auf der er behauptet hat, dass Zweisprachigkeit bei Kindern zu keinen besseren Berufs- und Lebenschancen führt. Nur hat der keine eigenen Studien gemacht, sondern die von anderen analysiert. Extrem unseriös! Das ist reiner Chauvinismus. Ich sage: Jeder muss zweisprachig sein. Zweisprachigkeit ist ein Geschenk. Kinder haben damit kein Problem. Schon Vierjährige beherrschen beide Sprachen perfekt. Das muss unser Ziel sein. In afrikanischen Ländern oder in Teilen Indiens ist es normal, dass Menschen sogar fünf, sechs Sprachen sprechen.

Sie wurden in Bulgarien geboren, kamen mit sieben nach Deutschland, zogen dann aber mit ihren Eltern nach Kenia. Sie sind mehrsprachig aufgewachsen.

Drei- oder viersprachig. In Kenia war ich erst auf einer englischen Schule, dann auf einer deutschen. Zu Hause haben wir bulgarisch gesprochen. Kisuaheli habe ich auch gelernt.

Wie wurde Deutsch Ihre Schreibsprache?

Das war eine bewusste Entscheidung. Deutsch hat für mich eine größere Flexibilität als Englisch. Es ist prall, sinnlich, mystisch, andererseits trocken und genau.

Die ersten Texte haben Sie auf Deutsch geschrieben?

Nein, in beiden Sprachen. Ich schreibe immer noch Gedichte auf Englisch.

Der Berliner Literaturpreis ist an ein Schreib-Seminar an der Freien Universität gekoppelt. Werden Sie bei Ihrer Antrittsvorlesung übers Reisen sprechen?

Nein. Ich werde wohl über das Recherchieren sprechen. Seit zwanzig Jahren gibt es den Vorwurf, die deutschsprachige Literatur sei blutleer. Ein Grund dafür ist, dass die Recherche als poetologische Kategorie nicht wahrgenommen oder unterschätzt wird. Große Literatur entsteht bei vielen Autoren aus einer sehr genauen Kenntnis. Das ist ein wichtiges Thema.

Was sollte man auf Reisen auf keinen Fall mitnehmen?

Gepäck. Freunde. Urteile. Man sollte sich nackt machen, damit was passiert.

(Tagesspiegel)

Beständige Bewegung

Ein Flüchtling wird immer bewegt. Er wird in eine Rastlosigkeit hineingeworfen, die er sich nicht ausgesucht hat. (...) So sah ich mich als Sechsjähriger mit einem Schlag einer neuen Sprache, einer neuen Gesellschaft und einer neuen Umgebung ausgesetzt. Ich war gezwungen, mich anzupassen. (...) Im Alter von 19 Jahren stand ich dort, wo ich heute stehe: Mir erschien die Rastlosigkeit als die Norm und die Vielsprachigkeit als eine Selbstverständlichkeit. Homogenität betrachtete ich als Absurdität. Was immer an mir gelungen ist, ist in der Hybridität gelungen. Insofern gab es für mich keinen Grund, diese Hybridität infrage zu stellen oder gar zu verlassen oder auch nur mich von ihr zu entfernen. Ich glaube, dass ich aufgrund dieser Prägungen an einer Art kulturellen Klaustrophobie leide: Ich werde immer sehr unruhig, wenn ich mich zu lange an einem Ort aufhalte. *(Publik-Forum)*

„Zur Sonne, zur Sonne"

Noch nie zuvor sind so viele Menschen freiwillig gereist wie heute. Kaum ein Fleck der Erde ist vor unserer postmodernen Mobilität sicher. Nicht nur überfallen wir heuschreckenhaft die Sonnenländer, wir tauchen zur Titanic, wir schweben im Heißluftballon über die Savanne, wir brechen uns einen Weg durch das ewige Eis. Unsere Reise beginnt auf Landkarten und Prospekten, ist schraffiert mit den Farben des Sonderangebots, des Geheimtipps, der Drei-Sterne-Sehenswürdigkeit.

Wenn wir ankommen, überprüfen wir, ob die Fremde den Fernsehbildern entspricht. Oft sind wir enttäuscht angesichts einer lauten Reisegruppe, eines aufdringlichen Straßenverkäufers, eines jegliche Gotik verdeckenden Gerüsts. Der Stau nervt, ebenso die kalten Füße oder der obligate Durchfall. Aber auch diese Enttäuschungen entsprechen meist unseren Erwartungen – schließlich wurden wir vom Reiseführer vorgewarnt. Also ziehen wir uns in jene Höhle zurück, die uns die Sicherheit des Gewohnten bietet: den klimatisierten Bus, das renommierte Hotel, das erfrischende Schwimmbecken. Wieso also überhaupt reisen?

Wir fahren durch die Welt, aber wie viel erfahren wir von ihr? Fast jeder ist unterwegs, aber wer ist wirklich auf Reisen? Denn Reisen ist keine Produktlinie des ADAC, Reisen geht über die Veränderung der Lokalität hinaus – Reisen kann ein metaphysischer Akt des Erkennens und

Erfahrens sein. Nur der Reisende, sagt ein arabisches Sprichwort, kennt den wahren Wert des Menschen.

Vielleicht erfahren wir etwas von den Ur-Gründen des Reisens von unseren bewegten Ahnen. Ein solcher Reisender war der frühe deutsche Dichter Heinrich von Morungen, ein Zeitgenosse Walters von der Vogelweide, der um 1200 einer Einladung ins Heilige Land folgte. Bis dahin hatte er auf der Wartburg provenzialische Poesie übersetzt und seine eigenen Gedichte, wie bei den Minnesängern üblich, in Musik gefasst. Da er im Wesentlichen von den Troubadouren beeinflusst war, flossen arabische (Sufiya), jüdische und osteuropäische (Katharer) Elemente in seine Lieder ein. Nun reiste er diesen Einflüssen entgegen. Doch seine ziellose Reise führte ihn weit über Jerusalem hinaus.

Überall fand er Entsprechungen zu seiner Kunst, Inspirationen. Er reiste nach Süden und dann nach Osten. Viele Jahre lang auf der Suche nach dem Klang und dem Wort, das seiner Sehnsucht nach Liebe gerecht werden würde. Er tauchte ein in die Welt der Templer, er tauschte sich aus mit äthiopisch-koptischen Sängern. In Vorderasien traf er auf die Mystik der Sufis, die sangen: „Ich bin du, und du bist ich". In Indien begegnete er dem Bhakti-Kult mit seinen ekstatischen Hymnen, die die Grenze zwischen Gott und Mensch verwischen. Vermutlich endete seine Reise im indischen Madras, wo sich das Grab des heiligen Thomas befindet. Kaum eine Reise ist so prototypisch für die Möglichkeiten des Reisens. In sieben Jahren auf staubigen Wegen entwickelte Heinrich von Morungen seine Kunst, bereicherte er seinen Glauben.

In den meisten Religionen gilt das Reisen als richtige Lebensführung, als Instrument der Katharsis, als Mittel zur Erleuchtung. In dem hinduistischen Lehrbuch *Aitareya Brahmana* steht: „Es gibt kein Glück für den Menschen, der nicht reist. In menschlicher Gesellschaft wird auch der Beste zum Sünder. Gott ist der Freund der Reisenden. Also brich auf." Ähnlich den christlichen Wandermönchen von einst ziehen noch heute die indischen Asketen, *Sadhus* genannt, durch das Land. Die Orthodoxeren unter ihnen verbringen keine zwei Nächte am selben Lagerplatz. Denn die Sesshaftigkeit trägt potenziell alle Sünden in sich, sei es Gier, Egoismus, Materialismus oder Gewalt.

Ähnlich im Islam. Reisen gehörte zu der Lebensform der Gelehrten, *udana* genannt. Al-Ghazzali, einer der bedeutendsten Theologen, der den Sufismus in den Islam integrierte, verließ seine persische Heimat, um nach Bagdad, Damaskus, Jerusalem zu reisen, von der obligatorischen Pilgerreise nach Mekka und Medina ganz zu schweigen. Ibn Al-Arabi reiste – wie auch Ibn Khaldun – von Cordoba über Sevilla, Fes, Tiemeen, Tunis, Kairo, Jerusalem, Mekka, Bagdad, Mossul und Konya nach Damaskus, wo er als Ketzer umgebracht wurde.

Was unterscheidet unsere unergiebige Ratlosigkeit von einer Reise, die den Menschen verändert? Ich möchte versuchen, einige Elemente eines anderen Reisens zu skizzieren: alleine reisen, ohne Gepäck, zu Fuß, hinter der Fassade des Offensichtlichen!

Allein reisen: In Mopti am Fluss Niger begegnete ich einer großen Reisegruppe, die sich schwer tat, durch die Gassen zu schlüpfen und den Schmuck an den Ohren der Pheul-Frauen klirren zu hören. Und die nahe zusammenrückte, um sich in der milchigen Luft des Harmattan nicht zu verlieren. Ich musste an Mungo Park denken, den jungen Schotten, der vor mehr als 200 Jahren alle Geheimnisse des Niger lüften wollte. Bei seiner ersten Expedition begleiteten ihn nur ein Dolmetscher und ein Diener. Es war eine erlebnis- und erfolgreiche Reise, über die er einen aufregenden Schmöker verfasst hat. Bei seiner zweiten Expedition führte er dreißig britische Soldaten ins westafrikanische Inland. Er kehrte nie wieder zurück. Denn wer in großer Gruppe reist, stellt per se eine Bedrohung für die anderen dar. Nur wer alleine reist, setzt sich völlig aus: einer unbekannten Welt, einer unverständlichen Sprache. Alleine ist man beständig wach und aufmerksam, biegsam und zugleich angespannt wie eine Bogensehne.

Ohne Gepäck: Wenn dein Gepäck in Gefahr ist, schreibt V. S. Naipaul, hast du einen Hinweis erhalten, dass du in Indien angekommen bist. Im Gepäck befinden sich nicht nur die materiellen Garanten der Bequemlichkeit und Vertrautheit, sondern auch das eigene System von oft unerschütterlichen Paradigmen, von Annahmen, Vorurteilen und Erwartungen. Genau das also, was man beim Reisen in Gefahr bringen sollte. Wenn man mit leichtem Gepäck reist, legt man irgendwann einmal auch seine Sorge, seine Befangenheit ab.

Zu Fuß: Die rasanten Fortbewegungsmittel fressen den Horizont auf. Anstatt Triumph verspürt der Reisende Ermattung. Entfernung wird in Stunden gemessen, in Jetlags wahrgenommen. Weit entfernt sind wir von der berühmt gewordenen Gewohnheit mancher Naturvölker, eine Rast einzulegen, damit die Seele nachkommen kann.

Hinter der Fassade des Offensichtlichen: Der starre Blick erfolgt durch die Linse des Reiseführers. Man gleitet dahin auf der Autobahn des Offensichtlichen und Allgemeinbekannten. Man cremt sich ein, um sich vor Überraschungen zu schützen. Selbst der beste Reiseführer hat einen Sonnenschutzfaktor, der die vornehme Blässe der Ignoranz zurücklässt. Dabei ließen sich die Entdeckungen so einfach machen: eine „falsche" Biegung, ein Blick in die „falsche" Richtung, schon fällt man aus den virtuellen Schauplätzen des Tourismus heraus.

Und noch etwas zum Schluss: Reise nicht von der Heimat in die Fremde und wieder zurück, sondern verwandele die Fremde in Heimat. Stelle dir vor, du müsstest ein Leben lang an dem fremden Ort verbringen. Wurzeln können auch in die Zukunft wachsen. Definiere deine eigenen Wurzeln. „Unternimm eine Reise", sagt der Sufi-Dichter Rumi, „vom Ich zum Selbst." – So eine Reise verwandelt die Welt in eine Goldmine. *(Spirituell leben)*

4

FREMDSEIN
ICH BIN DU – DU BIST ICH

ich bin Du und Du bist ich,

mein Freund,

gehe nicht von Dir fort

Sieh Dein Selbst nicht als fremd, ja dort

und vertreib' Dich nicht gar

von der Tür Deiner

(RUMI)

Aufbrechen

Ein Satz von Ihnen lautet „Die Welt ist groß und Rettung lauert überall". Vielleicht würden Menschen ohne diese Hoffnung nie ins Unbekannte aufbrechen.

Aufbruch hat tatsächlich etwas damit zu tun, dass man in dem Unvertrauten neu suchen kann. Im besten Fall findet man dabei etwas, das dem Leben eine neue Wendung gibt.

Ist das, was man gerade entdeckt, zwangsläufig besser als das, was man verlassen hat?

Man verlässt es ja eigentlich gar nicht. Es bleibt in einem selber drin. Es gibt Leute, die jahrzehntelang in einer neuen Umgebung leben, und denen man trotzdem anmerkt, woher sie kommen. Man kann sein altes Leben nicht einfach abstreifen wie eine Schlange ihre Haut, aber man kann es mit neuen Facetten enorm anreichern.

Kann man denn durch äußere Veränderungen überhaupt innere Veränderungen herbeiführen?

Das hängt davon ab, wie man reist. Es ist die Frage des Gepäcks, auch im übertragenen Sinne. Wenn man zu viel Gepäck mitnimmt, dann schleppt man das, was man zurückgelassen hat, mit sich und ist dadurch nicht sehr offen für die Möglichkeit, sich so weit verstören zu lassen, dass man verändert wird. Deutschen Touristen, die auch im Urlaub ein Schnitzel essen wollen, geht es natürlich nicht um die Begegnung mit dem Fremden. Sie verreisen aus geografischer Notwendigkeit, also etwa, weil ein gewünschtes Klima bei uns nicht zu finden ist. Wenn man diesen Leuten Sonne, Strand und Palmen im Schwarzwald anbieten würde, dann würden sie dorthin fahren.

Warum fällt vielen die Begegnung mit Fremden so schwer?

Begegnen wir einem Fremden, fliegt schnell eine der größten Illusionen auf, die wir uns aufgebaut haben. Wir sind nämlich gar nicht so sehr im eigenen Ich verankert, wie wir immer glauben. Die meisten Menschen haben ein gespaltenes Verhältnis zu sich selbst. Wenn man in eine Notlage gerät oder einfach nur in ein kommunikatives Missverständnis, dann neigt man dazu, die Risse in sich selber zu verdecken. Und das macht man am besten, indem man dem anderen den schwarzen Peter zuschiebt.

Und selbst wenn man es wollte: Können wir überhaupt wirklich zu einer fremden Kultur vordringen und sie begreifen?

Der Test der eigenen Humanität liegt darin, dass man den anderen nicht als Fremden sieht, sondern nur als einen anderen. Differenz ist immer eine Frage der Perspektive. Man darf sie nicht überbewerten, weil sie immer aus dem Augenblick heraus entsteht. Die Überzeugung ‚Wir sind alle Deutsche' kann beispielsweise ganz schnell zerfallen, wenn man sich mit einem anderen Deutschen auseinandersetzen muss. Dann fällt unter Umständen viel mehr Trennendes als Verbindendes auf.

(Galore)

„So sind die Türken"

Die Frage, was Fremde ist und wie man Fremde wahr-
nimmt, basiert in sehr hohem Maße darauf, wie einem diese Fremde entgegentritt. Das wird von vielen nicht reflektiert. Sie erleben die Fremde und beschließen, dass das diese spezifische Fremde ist: So sind die Türken oder so ist
Anatolien. Sie haben, weil sie in den meisten Fällen nur
einmal in ihrem Leben auf eine bestimmte Weise dorthin
reisen, nicht die Vielfalt der Erfahrung, die ihnen Verglei-
che mit anderen Jahreszeiten, mit Begegnungen anderer
Menschen oder mit anderen Erlebnissen ermöglichen
würden. Von daher meine ich, dass wir diese Fremderfahrungen an der Vielschichtigkeit der Realität vorbei kons-
truieren. Fremderfahrungen zu besitzen bedeutet, sich in
einer Art und Weise der Fremde umfassend auszusetzen.

(Publik-Forum)

Am Fluss der Kulturen

Der Zusammenfluss von Kulturen ist auf die Mobilität von Menschen, Ideen, Gütern und Dienstleistungen angewiesen, ebenso auf das Vorhandensein von Treffpunkten und Kreuzungen, wo die Begegnung mit dem Anderen ein Bestandteil des Alltags ist und man den Unterschied nicht ignorieren kann, weil man von ihm umgeben ist; man lebt und isst ihn, atmet ihn ein. Der Austausch erfordert fein verwobene Handelsbeziehungen, bei denen jede Seite die andere braucht, um wirtschaftlich zu existieren. Als weitere Voraussetzung sind eine gewisse Freiheit von selbstgefälligem Dogma sowie grundlegende Neugierde und intellektuelle Toleranz zu nennen: Ein Interesse, das über das Streben nach Gewinn und dem eigenen Vorteil hinausgeht, Interesse an dem, was anders ist, was man nicht gemeinsam hat und was anders konditioniert ist. Mit einem Wort: Wir beschreiben ein offenes System; das typische Beispiel dafür wäre eine Hafenstadt, und keine ist berühmter als das antike Alexandria.

Aber Alexandria fiel den Bigotten zum Opfer, die seine bedeutendste Gelehrte Hypatia ermordeten, und den christlichen Fanatikern, die seine berühmte Bibliothek niederbrannten: Diese Männer handelten zwar im Namen der Religion, aber sie vertraten etwas so Unheiliges wie die Angst vor dem Unbekannten und Wut über die Bedrohung, die ihrer Meinung nach vom pluralistischen freien Denken für ihren engstirnigen Glauben ausging.

Diese Männer waren auf ihren eigenen Stamm fixiert, und ihre Unsicherheit und Abwehrhaltung wurden nur noch von ihrer Ichbezogenheit und Aggression übertroffen (...)

Es ist allgemein bekannt, dass Christoph Kolumbus 1492 im Dienste der vereinigten Königreiche Kastilien und Aragon in die „Neue Welt" aufbrach. Der Zeitpunkt war kein Zufall: Die sogenannte *Reconquista* war in vollem Gang, die das 800 Jahre währende Wunder von al-Andalus beendete und den Weg zur Vernichtung seiner vielfältigen Kultur ebnete. Doch die Gaben der kulturellen Vermischung ließen sich nicht so leicht auslöschen. Wie Kolumbus in seinen Aufzeichnungen notierte, erhielt er an eben dem Tag das Kommando über die Seereise nach „Indien", an dem die Herrscher des neuen Spanien die Vertreibung der Juden aus ihrem Herrschaftsgebiet anordneten. Die katholischen Herrscher tolerierten das Andere nicht und verbrannten die Juden, die unter den Muslimen gefördert worden waren und zur religiösen und künstlerischen Blüte des Landes beigetragen hatten.

Iberien erholte sich nie wieder von dem Schlag gegen seine Kultur. Das Ende von al-Andalus markierte den Beginn von Paranoia und Verfolgung – auf die Brutalität der Inquisition folgte die Ausdehnung des spanischen Herrschaftsgebiets in Übersee, die barbarische Ermordung der Inka und Azteken, die Ausplünderung des Orients und Lateinamerikas auf der Suche nach Gold, Silber, Gewürzen und Sklaven.

Im Lauf der Zeit betrachtete das Christentum jede Errungenschaft, die auch nur entfernt an al-Andalus erinnerte, als tödliche Bedrohung. Die Spanische Inquisition benötigte alle verfügbaren Folterbänke, Daumenschrauben und Scheiterhaufen – denn sie kämpfte nicht nur gegen häretische Tendenzen innerhalb des christlichen Glaubens, sondern auch dafür, den Einfluss der Juden und Muslime auszulöschen. Erst als Spanien seine unterdrückte Vergangenheit wieder für sich beanspruchte, gelangte es erneut zur Blüte. Der größte moderne Schriftsteller Spaniens, Federico Garcia Lorca, betrachtete sich als Erbe von al-Andalus, schrieb Ghaselen und Kassiden, zwei orientalische Gedichtformen, die in längst vergangenen Zeiten populär waren, und griff mit seiner Sprache den Rhythmus des Flamenco auf, der auf den Traditionen der Araber und Zigeuner basiert.

Heute wird Alexandria erneut von den Bigotten und Fanatikern bedroht. Die Kräfte der Ausgrenzung und Abschottung bedrohen das offene System, das die Voraussetzung für den Zusammenfluss der Kulturen ist. Die Fanatiker klammern sich an eine Doktrin, die das menschliche Potential auf wenige Optionen beschränkt, während alle anderen Möglichkeiten als Werk des Teufels geschmäht werden.

Ihre sichtbarste Waffe ist der Terror des *Jihad,* dazu kommen aber noch die Verweigerung des Dialogs, die Einschränkung der Meinungsfreiheit, die Unterdrückung der Frau und die Bereitschaft, alle religiösen und philosophi-

schen Alternativen zu ihrem einzig wahren Glauben auszulöschen. Die Ideologie der Christlichen Rechten und
der Neokonservativen ist ähnlich, wenn nicht sogar iden-
tisch mit dem so genannten radikalen Islamismus weltweit und der *Hindutva* in Indien. Der Kreuzzug von US-
Präsident Bush ist gegenüber den verschiedenen Schattierungen der Vielfalt so blind wie Bin Ladens *Jihad:* Sie
sind Zwillinge des Terrors, Spiegelbilder in dem Wunsch,
die kulturelle Schaffenskraft einzuschränken, zu gängeln
und abzuwürgen. Die Vertreter derartiger Ideologien nehmen für sich in Anspruch, sie würden eine große Tradition verteidigen, die sie jedoch auf eine armselige Version
ihres religiösen und kulturellen Erbes zurückgestutzt haben. Sie fordern eine Rückkehr zu den fundamentalen
Wahrheiten und ursprünglichen Gesetzen, obwohl diese
nur Vorschriften und Verbote sind, die sie mittels einer
selektiven, ja zynischen Interpretation ihrer Traditionen
erfunden haben.

Die Großmächte vertreten eine ganz ähnliche Haltung zur
kulturellen Vielfalt wie die Guerillas der Intoleranz: Das
Andere wird manipuliert, um Rekruten für die eigene Sache zu finden, klare Feindbilder zu schaffen und Konflikte in die Länge zu ziehen, denn davon profitieren Wirtschaft und Seelenleben der Nation gleichermaßen. Beide
Seiten beanspruchen die Welt als Spielplatz für sich und bekämpfen einander, um die Kontrolle darüber zu erlangen.

Wir können aber auch nicht unkritisch den Anspruch
der Globalisierung unterstützen, sie sei umfassend und

habe die Fusion heterogener kultureller Elemente erreicht. Diese Fusion ist oberflächlich, ein falscher Ersatz. Eine Fusion ist kein Zusammenfluss; sie ist das Produkt des Kapitalismus, der kein Interesse an echter Vielfalt hat. Die wirtschaftliche Logik der Globalisierung verlangt die einfache Reproduktion, schnell zu vervielfältigende Produkte, die auf einem einheitlichen Variationsmuster basieren, leicht zu bedienende Programme in verschiedener Aufmachung, damit die Einheimischen das Neue nicht als fremd empfinden. Das Gleichgewicht zwischen globalen Ambitionen und lokalem Komfort wird durch Hochglanzpolitur erreicht; und wie das Beispiel McDonald's zeigt, verkauft sich weltweit nichts so gut wie ein stromlinienförmiges Produkt, das in einem stromlinienförmigen Umfeld angeboten wird.

Die Annahme, die Globalisierung habe zu einem intensiveren und dynamischeren Austausch der Kulturen geführt, ist falsch. Die kapitalistische Globalisierung hat einen negativen Effekt auf die Vielfalt. Sprachen und künstlerische Ausdrucksmöglichkeiten sterben aus, alternative Lebensweisen bleiben nur in den trockenen Wälzern der Gelehrsamkeit erhalten.

Durch den regen Austausch kultureller Impulse zwischen physikalischer Welt und Internet ist heute jeder Einzelne ein Bewohner Alexandrias; ein Leben zwischen den Kulturen ist eine sehr fruchtbare Lebensform. Wenn die Wächter über die nationale, zivilisatorische oder religiöse Reinheit das Ende der multikulturellen Gesellschaft verkünden,

verkünden sie auch das Ende der Kultur an sich. Dabei ist ihre Lage in Europa höchst verzwickt: Wenn sie die Tür zu einem offenen System verschließen, verraten sie damit gerade die große europäische Tradition, die sie angeblich vertreten.

Die Hafenstadt ist ein archetypisches Bild des Zusammenfließens: Hier trifft der große Strom, die Summe zahlreicher Zuflüsse, auf das Meer. In unserer turbulenten Zeit sind kulturelle Vielfalt und Weltbürgertum notwendige Voraussetzungen der menschlichen Existenz – des Zusammenlebens mit anderen, des gegenseitigen Kennenlernens. Wer das zulässt, erkennt, dass der Andere kein Feind ist, kein Fremder, keine Alternative, ja manchmal nicht einmal ein Anderer, sondern nur ein Spiegel der verschiedenen möglichen Facetten, der zahlreichen Möglichkeiten des Verstehens, der vielfältigen Definitionen der Zugehörigkeit. Wir müssen in diesen Spiegel schauen, nicht um uns in der Verwirrung zu verlieren, sondern um uns selbst und unsere Möglichkeiten klar zu erkennen.

(Kampfabsage)

Lupenrein

GOUVERNEUR: Wir haben Fortschritte erzielt.

KADI: Beachtliche. Soll ich zusammenfassen: Sheikh Abdullah ist ohne Zweifel der britische Offizier Richard Burton, ein gelehrter Mann, vielleicht ein Moslem, vielleicht ein Shia, vielleicht ein Sufi, vielleicht aber auch nur ein Lügner, der sich als dieses und jenes ausgab, um die Hadj zu unternehmen, mit welcher Absicht auch immer. Gewiss, wir wissen mehr als zu Beginn, aber was ist dieses Wissen wert?

GOUVERNEUR: Sagen Sie mir, die Frage hat mich von Anfang an beschäftigt: Halten Sie es für möglich, dass ein Mensch monatelang vortäuschen kann, ein Gläubiger zu sein?

KADI: Der Rubin und die Koralle haben die gleiche Farbe. Eine Kette, auf der sie gemischt sind, besteht scheinbar gänzlich aus Edelsteinen.

GOUVERNEUR: Es gibt bestimmt eine Möglichkeit, sie zu unterscheiden.

KADI: An der Tönung könnte ich sie auseinander halten. Dazu müsste ich sie freilich genau betrachten, aus nächster Nähe.

GOUVERNEUR: Mit einer Lupe?

KADI: Am besten mit einer Lupe.

(Weltensammler)

Schöne Fremde im Spiegel

Ich sah sie noch nie und lieb sie so sehr
weder wohl noch weh tat sie mir je bisher
was mir mehr trost ist als bittre beschwer
keinen hahn ist es mir wert
denn ich weiß eine andere die schön ist und hehr
und die mich begehrt.

(Übersetzung von Raoul Schrott)

Beim Liebesbegriff der arabischen Dichtung, den die Troubadoure übernahmen, ist die Geliebte unabhängig und vollkommen, wohingegen der Liebende treu und unterwürfig sein soll. Seine Hingabe muss er heimlich pflegen und darf nur mit beiläufigen Bemerkungen, Rätseln und versteckten Hinweisen darauf anspielen. Eine solche Liebe kann den Liebenden erhöhen, aber auch vernichten, und der liebende Dichter muss diese gefährliche Gradwanderung wagen, muss „gefährlich leben", um es mit Nietzsche auszudrücken.

Die Sufis in Bagdad und die Minnesänger der Wartburg kühlten ihre Leidenschaft im selben Brunnen. Die ästhetischen und spirituellen Parallelen sind so offensichtlich, dass die Frage „Wie konnte der Westen mit dem Osten verkehren?" jeglichen Sinn verliert. Hier lässt sich unmöglich sagen, wo der Orient endet und der Okzident beginnt.

Das lied hab ich gemacht weiß nicht über wen
statt mir wird ein bote nach Anjou nun gehen
und es der singen die es erst kann verstehn
und die es ehrt –
in ihrem etui wird sie nach dem schlüssel sehn
dass er es mich lehrt.

(ÜBERSETZUNG VON RAOUL SCHROTT)

(Kampfabsage)

Kulturen atmen

In einer Kultur, in der ein Mann in einer Sprache ein- und in der anderen Sprache ausatmen, für bestimmte Menschen zu Sonnenaufgang die eine Rolle und für andere zu Mittag eine ganz andere Rolle spielen, an sechs Tagen die Woche bei Gericht sitzen und am siebten Tag in Gottes Vertretung urteilen sowie sich in der Kunst mit der Feder ebenso wie in der Säbelfechterei vervollkommnen konnte, in einer solchen Kultur genügte ein Name allein nicht, um alle seine Ambitionen und Errungenschaften auszudrücken.

Im Arabischen, der Sprache, die seine Familie zu Hause sprach, hieß er Ishmail; im Hebräischen, der Sprache seiner Vorfahren, wurde der Shmuel (Samuel) genannt. Im Kreise seiner Glaubensbrüder trug er das Patronym ha-Levi ben Josef; in offiziellen Dokumenten wurde er als Ibn Nagrila bezeichnet. Als er bereits mit 34 Jahren Oberhaupt der jüdischen Gemeinde in seinem Stadtstaat wurde, erhielt er den Titel ha-Nagid, „Der Prinz". 993 als Sohn eines wohlhabenden Gewürzhändlers im damals noch umayyadischen Kalifat al-Qutuba, dem heutigen Córdoba, geboren, verkörpert Samuel ha-Nagid eine der Erfolgsgeschichten von al-Andalus. Ursprünglich Kaufmann, arbeitete er schon bald als Schreiber und Sekretär für den Wesir von Granada und verfasste so eloquente und elegant formulierte Briefe, dass der Emir schnell erkannte, was für ein Talent da in seiner Schreiberstube zugange war. Wenige Jahre später war Samuel zum Wesir aufgestiegen.

Heutzutage wird der Religionszugehörigkeit eine enorme Bedeutung beigemessen. Wir sind weit von der Offenheit in al-Andalus entfernt und können uns nur schwer vorstellen, dass dieser einfallsreiche und begabte Jude bis zu seinem Tod im Jahr 1056 der zweitmächtigste Mann in einem muslimischen Königreich blieb. Uns ist der Gedanke fremd, dass ein rabbinischer Gelehrter die Armeen des Emirs in die Schlacht führte (und dabei drei bemerkenswerte Triumphe feierte: 1038 über Almeria, 1039 über Sevilla und 1041 den dritten und bedeutendsten Sieg über den Cousin des Emirs und dessen rebellische Truppen). Als General verfasste Samuel Dankesgebete für den Sieg seiner muslimischen Soldaten. Als Rabbi spendete er Geld für religiöse Einrichtungen und kam für den Unterhalt von Schreinen in Jerusalem auf. Und obwohl er Jude war, blieben das Arabische und die romanische Volkssprache als die Muttersprache, die alle Bevölkerungsgruppen von al-Andalus gemein hatten, seine wichtigsten Ausdrucksmittel.

Der jüdische Wesir kannte Bibel und Talmud so gut wie den Koran und die islamische Jurisprudenz – zu seiner Zeit konnten Juden und Muslime sogar gemeinsam bei denselben Lehrern studieren – doch sicher bekümmerte es ihn, dass sich die Sprache seiner Vorfahren nicht weiterentwickelte. Der Gebrauch des Hebräischen war tausend Jahre lang auf die Synagoge beschränkt; es war keine Sprache, in der die andalusischen Juden diskutierten, handelten, einer Frau den Hof machten, liebten und ihren Gefühlen Ausdruck verliehen. Aber Samuel war ein Visionär. Umgeben von der Ästhetik der arabischen Poesie fühlte er sich veranlasst, das Hebräische vor der Liturgie zu retten und es so auszustatten, dass es wieder für das Alltagsleben und die weltliche Dichtung geeignet war. (...)

Bei Samuels Neuerungen kam ein wichtiges Prinzip der literarischen Praxis zur Anwendung: Der fossile Treibstoff der Schriftsprache bedarf der erneuerbaren Energien des täglichen Gesprächs, mit seiner Sprunghaftigkeit in Ausdruck und Tonfall, seinem Appetit nach gesprochener Musik. Unabsichtlich übermittelte Samuel damit eine revolutionäre politische Idee, deren Wirkung weit über die jüdischen Gemeinden von Granada, Sevilla und Saragossa hinausreichte – nämlich, dass sich die Vorstellungskraft nie zum Sklaven geheiligter Autorität machen darf, sondern stets die Vielfalt weltlicher Erfahrung aufnehmen muss. Immerhin bedeutet *heresis,* die griechische Wurzel des Wortes „Häresie", das Attribut, mit dem das christliche Europa viele verstörende intellektuelle Gaben stigmatisierte, „Auswahl".

(Kampfabsage)

Feindbild. Und Vorbild.

Konflikt und Zusammenfluss bestehen nebeneinander, manchmal auch in ein und demselben Menschen, der Strategien entwickelt, mit dem Paradox von Inspiration innerhalb der Aggression umzugehen. Der Kampf gegen eine andere Kultur oder ein antagonistisches Gemeinwesen ist eine der Hauptursachen für die Interaktion mit einer fremden Kultur. Oft fühlten sich die Gegner von dem jeweils anderen angezogen, wie das Beispiel der Tempelritter zeigt; sie näherten sich dem Islam, während sie als Kreuzfahrer gegen die „Sarazenen" kämpften, und ließen sich in der Levante nieder, wo sie von ihren Bankkontakten in die arabische Welt profitierten, bis auch ihr Orden von der katholischen Kirche wegen angeblicher Ketzerei vernichtet wurde.

Viele christliche Gelehrte näherten sich al-Andalus in der Zeit der Kreuzzüge mit Bewunderung, obwohl sie die Muslime vom hohen Ross ihres vermeintlich überlegenen Glaubens herab beurteilten. Und es fand sich immer eine passende Ausrede, warum sie als Christen viel von den verabscheuungswürdigen Muslimen lernen konnten. Ein bizarres Beispiel liefert uns Daniel von Morley, der in Toledo als lateinischer Übersetzer tätig war. Gegen Ende des 12. Jahrhunderts verkündete er, das „Neue Israel", womit er das Christentum meinte, solle sich im Geiste Moses der Schätze des Pharaos bemächtigen: „Plündern wir also auf Anweisung des Herrn und mit Seiner Hilfe die Weisheit und Redekunst der heidnischen Philosophen, plündern wir diese Ungläubigen aus, um uns selbst im Glauben um ihre Hüllen zu bereichern." Das ist der wichtigste Unterschied zur heutigen Wahrnehmung. So groß die Feindseligkeit auch gewesen sein mag, damals galt der Islam mit den umfangreichsten Bibliotheken der Welt, der fortschrittlichsten Technik und einer betörenden Kultiviertheit dennoch als Vorbild.

(Kampfabsage)

Bewohner des Dazwischen

Das Alexandria von heute sind Weltstädte wie New York, Paris, London und Berlin, wo viele verschiedene Stimmen zusammenkommen, miteinander sprechen, singen und schreien, sich zu unerwarteten Chören vereinen, die eine neue Musik für neue Hörgewohnheiten darbieten, ungeachtet einer politischen Ideologie, die das andere als Bedrohung auffasst. Ob in der zeitgenössischen Literatur oder Musik, der Großteil dessen, was faszinierend und belebend wirkt, fällt unter die Bezeichnung Mischform. Die weltgewandten Bürger in den Alexandrias sind typische Bewohner des Dazwischens, und ihre Zahl wächst. Ungeachtet der dynamischen Erkundung von Unterschieden durch den Einzelnen propagiert die Politik der Leitkultur nach wie vor das Schwarzweißbild als Dogma: Wir sind alle gleich/wir sind alle unterschiedlich; Menschenrechte sind allgemeingültig/Menschenrechte sind relativ; Integration/Nebeneinander der Kulturen.

In unseren Gesellschaften tobt eine Schlacht um das richtige Format kultureller Koexistenz, und dieser Kampf ist unabhängig von seinem Ausgang kontraproduktiv. Denn beide Seiten heften in der Annahme, dass Unterschiede völlig statisch sind, eine multidimensionale Realität auf eine zweidimensionale Karte.

Angesichts der Debatte zwischen den Vertretern des Universalismus und des Relativismus, kann man sich des Ge-

dankens nicht erwehren, dass diese beiden diametral ent-
gegenstehenden Positionen das Spektrum möglicher Hal-
tungen abdecken. Dabei repräsentieren sie zwei Seiten
der gleichen Medaille: Sie behaupten, dass sich Kulturen
von Natur aus streng unterscheiden und daher unmöglich eine gemeinsame Grundlage finden können. Keiner
dieser Standpunkte ermöglicht es dem Westen, eine Gesellschaft oder eine Entwicklung zu verstehen, die von deutlich anderen Annahmen als den eigenen ausgeht. Dadurch
sind Konflikte unumgänglich. Tatsächlich ist die relativis-
tische Position, die manchmal so wirkt, als behandle sie
das andere mit mehr Respekt, die gefährlichere der beiden.

Für viele Relativisten ist nicht nur jede Kultur in sich
einzigartig, vielmehr „unterscheiden sich die Gedanken,
Gefühle und Motivationen der Menschen radikal von
einer Kultur zur anderen. Daraus folgt, dass jeder Versuch, generelle Aussagen entweder über die Kultur oder
die menschliche Natur zu treffen, falsch oder banal sein
muss – es sei denn, man beschränkt sich auf die Menschen, die in einem spezifischen kulturellen System leben ... Aus diesem Blickwinkel betrachtet, bleibt eine Per-
son aus einer anderen Kultur der ‚Andere': auf ewig un-
verständlich."

Das gleiche gilt für die Befürworter der Integration, die
eifrig die Anhänger des Multikulturalismus bekämpfen.
Beide Seiten halten das Andere auf Distanz, bei ihnen
unterscheidet sich nur die Art und Weise, wie das Andere

behandelt werden soll: Ob man es aggressiv zur Integration drängt oder abgeschirmt in einem eigenen Ghetto belässt. Keine Seite fordert eine eingehende Auseinandersetzung mit dem Anderen, eine Interaktion, die – von Zeit zu Zeit – erfolgreich Differenzen überwindet.

(Kampfabsage)

5

ORTSWECHSEL:
HIN UND WEG

ich bin weder des Ostens noch des Westens

bin nicht des Meeres nicht vom irdischen Grunde

vom natürlichen Element fern

und fremd von den bewegend' Sterne

mein Ort ist die Ortlosigkeit

mein Merkmal ist ohne Mal

weder Körper noch Seele ist meines

denn ich bin rein, vom Wesen des Geistes

(RUMI)

In allen Himmelsrichtungen

Er war auf alles vorbereitet, selbst dass er entlarvt werde und umgebracht, aber es ist ihm nie in den Sinn gekommen, dass seine Gefühle ihn überwältigen könnten. Er kann nicht weitergehen; er muss immer wieder innehalten. Nichts in ihm widersetzt sich der aufgehenden Beglückung. Um ihn herum tobt Verehrung in allen Gesichtern. Vor ihm steht eine Idee, die Kaaba, eine anschaulich klare Idee, in Schwarz gehüllt, der Stoff ein Brautschleier, die goldene Verzierung ein Liebeslied. Oh höchst glückliche Nacht. Er spricht die zauberhaften Sätze nach, er versteht sie. Braut aller Nächte des Lebens, Jungfrau unter allen Jungfrauen der Zeit. Der Strudel der Pilger fließt gegen den Uhrzeigersinn. Sheikh Abdullah ist erregt. Als würden die Lebensträume, die sich in seiner Nähe verwirklichen, auch ihn aufladen. Er überlässt sich dem Strudel, um den starren Kubus siebenmal zu umkreisen. Seiner Pflicht gemäß. Im Laufschritt zuerst, wie der Führer ihn ermahnt, eher weiter außen als innen, wo das Drängeln gerinnt. Eigentlich dürfte er derweil die Kaaba – unfassbarer Mittelpunkt – nicht anblicken. Aber er kann seinen Blick nicht von ihr abwenden. Später, als er ihr so nahe ist, dass er wie die anderen Pilger mit ausgestrecktem Arm den Schleier berühren kann, löst er sich auf im Gewühl, ein peinigendes Gefühl, bis er aufhört, sich dagegen zu wehren. Die Strömung bestimmt alles, die Richtung, die Geschwindigkeit, die Pausen, in denen angehalten wird, um die Segnung, die von dem schwarzen Stein ausgeht, zu empfangen, und ein *Im Namen Gottes, Gott ist groß* auszurufen. Nach der letzten Runde drängt er sich zum Stein vor – Mohammed hilft ihm, seinen Weg zu bahnen –, er beugt sich so weit er kann zum glänzenden Stein vor, berührt ihn, überrascht davon, wie klein er ist, der einst weiß wie Kalk gewesen sein soll, bevor die vielen sündigen Lippen und Hände, die ihn küssen und streicheln, schwarz und schwärzer werden ließen. Die Legende bietet eine Erklärung, die seiner Gemütsverfassung entspricht; am Abend wird er sie aufschreiben und seine Vermutung notieren, dass es sich bei dem Stein um einen Meteoriten handelt.

Als einer von vielen, deren Gedanken und Gebete sich um die Kaaba drehen, ist er Teil eines Kreises, der sich zu weiteren Kreisen ausdehnt, die sich über Mekka ziehen, über die Wüste und ihre Stationen, die bis nach Medina reichen, nach Kairo und darüber hinaus, nach Karachi und Bombay und weiter noch. Ein Stein ist in den Ozean der Menschheit gefallen, und die Wellen schlagen bis in die fernste Einöde. Er hat seine sieben Umrundungen vollbracht. Das Gebet beim Fußabdruck Abrahams. Er trinkt Wasser vom Zam-zam-Brunnen. Pilger, Pilger aus Indien, beglückwünschen sich. Sie schließen ihn ein in ihre Umarmungen. Er gibt sich wortkarg. Mohammed beobachtet ihn. Gewiss ist es schön, sich alle Menschen als Brüder und Schwestern vorzustellen. Aber ein Verdacht beginnt um die Kaaba zu kreisen, er verdichtet sich mit jeder Rotation. Wenn jeder Mensch einem nahe stünde, um wen würde man sich kümmern, mit wem leiden?

Das Herz des Menschen ist ein Gefäß von begrenztem Fassungsvermögen, das Göttliche hingegen ein Prinzip ohne Maß. Das geht nicht gut zusammen. Die Ordnung, die von der Kaaba verheißen, erscheint ihm auf einmal suspekt. Er dreht allen Nächsten den Rücken zu und trinkt ein zweites Glas Zamzam. Wieso muss es ein Zentrum geben? Wegen der Sonne? Wegen des Königs? Wegen des Herzens? Zeige mir die Richtung, in der Gott nicht weilt, hatte der Guru gesagt, als ihm vorgeworfen wurde, seine Füße würden respektlos gegen Mekka zeigen. Ganz im Sinne des Erfinders, oder noch genauer ausgedrückt: ganz im Sinne des Unerfundenen, des Ungeschaffenen. Die oberflächliche Form ist nötig für jene, denen es an Fantasie mangelt. Die sich das Allgegenwärtige nur in Stein gefasst, in Stoff gestickt, auf Leinwand gewoben vorstellen können. *(Weltensammler)*

Abtauchen

Ortswechsel wird als Thema für die Literatur wichtiger, obwohl wir manchmal den Fehler begehen, die Mobilität – gerade der Suchenden, der Fragenden und Forschenden – in früheren Epochen zu unterschätzen. Noch nie zuvor sind so viele Menschen freiwillig gereist wie heute. Kaum ein Fleck der Erde ist vor unserer postmodernen Mobilität sicher. Unsere Reisen beginnen allerdings auf Landkarten und Prospekten. Die Welt geschrumpft zu einem kleinen Maßstab. Übersichtlich. Auf jedem Quadratzentimeter verdichtete Information. Bevor wir aufbrechen, wissen wir schon, wie die Fremde heißt, wo sie sich erhebt und welche Ausfahrt zu ihr führt.

Unsere Reise hat feste Konturen, ist schraffiert mit den Farben des Sonderangebots, des Geheimtipps, der Drei-Sterne-Sehenswürdigkeit. Da kann die Literatur nur gegenhalten, indem sie ein anderes Tempo vorgibt, Sperrigkeiten aufzeigt, das wahre Reisen hochhält.

Ein wunderbares Beispiel ist Julio Cortazars Werk, das stets vom Ortswechsel als Thema geprägt war. Kurz vor seinem Tod tuckerte er noch auf der Autobahn von Paris nach Marseille und ließ sich dafür einen Monat Zeit – er hatte sich selbst die Maßgabe gesetzt, an jedem Rastplatz zu halten, auf jedem zweiten Rastplatz die Nacht zu verbringen. Sein Logbuch, erschienen unter dem Titel *Die Autonauten auf der Kosmobahn*, berichtet von den Wundern einer Expedition durch die toten Winkel unserer zugepflasterten und technologisierten Welt.

(Ortswechsel)

Eintauchen

Er hatte sich inzwischen umgesehen, in Baroda und in der Umgebung, er war überall gewesen, überall dort, wohin er als britischer Offizier gelangen konnte, er hatte schon gesehen, was die wenigsten seiner Kameraden gesehen hatten. Er war unzufrieden. Von seinem Pferd herab wirkten die Einheimischen wie Figuren aus einem Märchenbuch, das in ein verarmtes Englisch übersetzt worden war.

Und wie er selber wirkte, das konnte er sich vorstellen: wie ein Denkmal. Deshalb erschraken sie, wenn der bronzene Reiter das Wort in ihrer Sprache an sie richtete. Solange er ein Fremder blieb, würde er wenig erfahren, und er würde ewig ein Fremder bleiben, wenn er als Fremder wahrgenommen wurde. Es gab nur eine Lösung; sie gefiel ihm auf Anhieb. Er würde die Fremdheit ablegen, anstatt darauf zu warten, dass sie ihm abgenommen wurde. Er würde so tun, als sei er einer von ihnen. Dazu bedurfte es nur noch eines geeigneten Anlasses.

Es würde ihm nicht schwer fallen, das war das Aufregendste an dieser Einsicht. Die Distanz, die zu überwinden war, schien ihm gering. Menschen messen Differenzen so große Bedeutung bei, und doch werden diese von einem Umhang weggezaubert, von dem nachgeahmten Zungenschlag verscheucht.

Schon die richtige Kopfbedeckung konnte Gemeinsamkeit begründen. *(Weltensammler)*

110

Auftauchen

Glauben Sie mir, ich lüge nicht, Sie können mich ausfragen, ich weiß über die 18. Infanterie Bescheid. Ich kenne die Namen der anderen Offiziere. Bitte, holen Sie ihn heraus, und fragen Sie ihn, wenn er alleine ist. Gut, sagte der Kommandant langsam. Aber du kommst mit. Zwei weitere Sepoys begleiteten uns in ein Zimmer mit nacktem Boden, in dem es kein einziges Möbelstück gab. Wenig später wurde Burton Saheb hereingeführt. Ich erschrak über sein Aussehen. Kennen Sie diesen Mann? Fragte ihn der Kommandant. Burton Saheb reagierte nicht. Der Kommandant ließ die Frage von einem der Sepoy übersetzen. Nein, sagte Burton Saheb, ohne zu zögern. Der Kommandant blickte mich misstrauisch an, bevor er sich wieder Burton Saheb zuwandte. Dieser Mann behauptet aber, Sie zu kennen. Er behauptet, in Ihrem Dienst zu stehen. Er behauptet sogar, Sie seien ein britischer Offizier. Der Sepoy musste zuerst übersetzen, und so dauerte es eine Weile, bevor uns die Antwort von Burton Saheb erreichte. Ich weiß nicht, was Sie mit dieser Geschichte bezwecken. Ich habe Ihnen schon gesagt, ich bin ein Händler aus Persien, und ich habe mit dieser Angelegenheit nichts zu tun. Der Kommandant überlegte ein wenig. Dann befahl er, ich solle das Zimmer verlassen, zusammen mit den Sepoy.

Ich weiß nicht, worüber sie gesprochen haben, Burton Saheb hat nie mit mir über diesen Tag geredet. Sie kamen erst nach einer Stunde heraus. Beide ignorierten mich. Der Kommandant kehrte in sein Büro zurück, und Burton Saheb ging durch das schwere Tor hinaus, rief eine Tonga, stieg ein und verschwand. Er wartete nicht auf mich. Als ich unser Haus erreichte, hatte er sich schon schlafen gelegt. In den schmutzigen Kleidern. Ich bereitete ein Bad vor. Ich hatte Angst vor seinem unverständlichen Zorn. Als er aufwachte, hat er mich wie üblich behandelt. Nicht feindselig. Ich habe mich nicht getraut, die Episode anzusprechen, und er hat nie ein Wort darüber verloren. Nicht einmal eine Andeutung hat er gemacht.

– Du hast nichts Weiteres darüber erfahren?

– Doch. Weil ich gelauscht habe. Als er sich mit einem seiner Lehrer besprach. Du hättest dich gleich zu erkennen geben sollen, sagte der Lehrer zu ihm. Das ist nicht dein Kampf! Glaubst du, so einfach kannst du die Seiten wechseln. Was du getan hast, hast du allein deiner Eitelkeit zuliebe getan. Worauf Burton Saheb antwortete: Ihr denkt immer nur in groben Mustern, Freund und Feind, unser und euer, schwarz und weiß. Könnt ihr euch nicht vorstellen, dass es etwas dazwischen gibt? Wenn ich die Identität eines anderen annehme, dann kann ich fühlen, wie es ist, er zu sein. Das bildest du dir ein, sagte der Lehrer. Du übernimmst mit der Verkleidung nicht seine Seele. Nein, natürlich nicht. Aber durchaus seine Gefühle, denn sie werden davon bedingt, wie die anderen auf ihn reagieren, und das kann ich spüren. Ich muss dir sagen, ich war gerührt, als ich das hörte. Burton Saheb flehte fast, so sehr wollte er an die Wahrheit seiner Worte glauben. Der Lehrer aber war nicht gnädig. Du kannst dich verkleiden, soviel du willst, du wirst nie erfahren, wie es ist, einer von uns zu sein. Du kannst jederzeit deine Verkleidung ablegen, dir steht immer dieser letzte Ausweg offen. Wir aber sind in unserer Haut gefangen. Fasten ist nicht dasselbe wie hungern.

(Weltensammler)

6
HEIMAT: EIN TRAUM

Ich fragte ihn, woher bist Du?

Er lächelte und sagte: „Meine Liebe":

Zur Hälfte aus Turkistan, zur Hälfte aus Farkhana

Zur Hälfte aus Wasser und Lehm,

zur Hälfte aus Herz und Seele

(RUMI)

Sprache: eine Heimat

Deutsch ist meine Sprache, es ist die Sprache, in der ich schreibe, und insofern für mich als Schriftsteller von tragender Bedeutung. Es ist auch die Sprache, in der ich träume und liebe. Insofern ist die deutsche Sprache eine zentrale Heimat, nur ich verliere sie ja nicht, wenn ich einen Ortswechsel betreibe. Ich verliere sie nicht, wenn ich meine kulturellen Interessen erweitere. Die deutsche Sprache ist immer bei mir und in mir, wir sind miteinander vertraut, wir vertrauen uns, also ist auch da kein Problem.

(Deutschlandradio)

Der Duft der Weite

Sie haben in Bulgarien gelebt, in Deutschland, in Indien und leben jetzt in Afrika. Wie riecht für Sie die Heimat?

Beim Geruch der Savanne, den ich vernehme, wenn ich in Nairobi aus dem Flugzeug steige, habe ich ein ganz starkes Gefühl von Angekommensein. In der Kindheit prägte der Geruch von gegrillter Paprika mein Heimatbild. In Bulgarien, wo ich aufgewachsen bin, werden die Schoten gegrillt, bis die Haut schwarz ist. Alle Straßen sind nach der Erntezeit von diesem leicht verbrannten Geruch durchdrungen. – Auch das Parfüm der Frauen, in die ich mal verliebt war, vermittelt mir ein Heimatgefühl. Ich kann mich nicht immer an jeden Duft erinnern, aber manchmal rieche ich ein Parfüm und weiß: Dieser Duft gehörte zu einer Frau, die mir mal sehr nahe gestanden hat.

(...)

Brauchen Sie überhaupt eine Heimat, wo Sie doch so viele Lebenswelten haben?

Nein. Die Sehnsucht nach Heimat ist eine Fiktion. Warum sollte jemand nach einer Beschränkung Sehnsucht haben, die der singuläre Begriff Heimat ja automatisch vermittelt? Die Menschen wollen sich nicht verschließen, sondern sich bereichern, indem sie sich der Vielfalt der

Möglichkeiten öffnen. Durch die zunehmende Mobilität schlagen Menschen heute an verschiedenen Orten immer wieder neue Wurzeln.

(Galore)

Die Gabel und andere zweifelhafte Segnungen

Diese verdammten Morgenländer! Was für Gecken! So etepetete und arrogant bis in die Spitzen ihrer Stolen. Für wen hielt sich dieses Frauenzimmer eigentlich? Nur weil Domenico Selvo, der wahrscheinlich zum nächsten Dogen gewählt werden würde, sie als Braut auserkoren hatte. Gewiss, die höfischen Kreise in Konstantinopel, wo ihr Vater einen hohen Posten bekleidete, waren berühmt für ihre Eleganz und hielten sehr auf Etikette. Aber musste sie deswegen gleich die naturgebotene Höflichkeit verleugnen und auf ihren lächerlichen Moden beharren? Sie hatte doch tatsächlich die Frechheit besessen, sich beim Hochzeitsbankett zu weigern, mit den Fingern zu essen. Stattdessen hatte sie den Eunuchen, der um sie herumscharwenzelte (noch so eine Perversion, was, in Gottes Namen, würde als Nächstes kommen?) angewiesen, ihr Essen in kleine Stückchen zu schneiden, damit sie jeden Bissen mit diesem goldenen Teufelswerkzeug aufspießen konnte, das sie in der Hand hielt. Den Bissen führte sie dann zum Mund, die Lippen berührten Metall ... oh, genug davon, es war über alle Maße ekelerregend. Sämtliche Mitglieder des Großen Rats waren entsetzt. Kardinalbischof Petrus Damiani, ein rechtschaffener Mann Gottes, verlor keine Zeit, seine Herde vor dieser Verirrung zu warnen: „Gott in seiner Weisheit hat den Menschen mit natürlichen Gabeln ausgestattet – seinen Fingern. Daher lästert man Gott, wenn man beim Essen die Finger durch künstliche metallene Gabeln ersetzt." Außerdem wies er darauf hin, dass das Gerät für den Verzehr von Spaghetti nutzlos sei. Kein Wunder, dass die byzantinische Prinzessin, Maria Argyropoulina mit Namen, an Auszehrung starb. Der zukünftige Heilige Petrus Damiani wetterte gegen „die Frau des venezianischen Dogen, deren Leichnam, bei ihrer übertriebenen Empfindsamkeit, vollkommen verrottete". Vanitas vanitatum!

Wahrlich, die Gabel hatte im Westen einen schweren Start. Nach dieser frühen Verurteilung von der Kirchenkanzel herab verschwand sie zunächst tief im Küchenschrank der Geschichte und tauchte erst drei Jahrhunderte später wieder auf. Wenn nötig, wurde das Essen mit dem Messer zerschnitten und auch gleich aufgespießt. Erst im 16. Jahrhundert konnte die Gabel ihre kulinarische Präsenz in Italien bestätigen. Zu der Zeit war die italienische Oberschicht sehr auf Hygiene bedacht; es gehörte sich, dass ein Gast zu einem Bankett die eigene Gabel und den eigenen Löffel mitbrachte, die elegant in einer Schachtel namens *cadena* aufbewahrt wurden. Das übrige christliche Europa hatte für den Segen des Essutensils keinen Sinn, bis Katharina von Medici 1533 Heinrich II. von Frankreich heiratete – Hochzeiten sind offenbar immer wieder ein willkommener Anlass zum kulturellen Austausch. Zu Katharinas Mitgift gehörten silberne Gabeln, die Benvenuto Cellini, der berühmte italienische Goldschmied, gefertigt hatte. Allerdings blieb man am französischen Hof weiterhin misstrauisch gegenüber der gefährlichen Neuerung. Noch König Ludwig XIV. vertraute lieber auf ein Messer und die eigenen Finger.

Im Osten war die Gabel etwa seit dem 4. Jahrhundert am Hof von Byzanz in Gebrauch und seit dem 7. Jahrhundert bei wohlhabenden Kreisen in Westasien üblich. Selbst die Tataren waren im Umgang mit der Gabel versiert, wie der Brief eines Franziskanermönchs an Ludwig IX. von Frankreich zeigt. Heute gilt die Gabel als wichtige kulturelle Errungenschaft, und Menschen, die weiterhin ihre Finger benutzen, werden bestaunt und im besten Falle als charmant kurios betrachtet. Doch wie um den längst vergangenen Bischof zu bestätigen, hat eine kürzlich erschienene Studie gezeigt, dass die Finger ein bestimmtes Enzym abgeben, das die Verdauung fördert. Aber natürlich würden wir nicht einmal im Traum daran denken, auf die Gabel zu verzichten, schließlich ist sie nicht nur ein wesentlicher Bestandteil unserer Essgewohnheiten, sondern auch Teil unserer Lebenswelt. Wie die Gabel so gibt es noch viele weitere kulturelle Importe – Zahnpasta und Zucker, Kaffeehäuser und Gärten, Teppiche und Parfums, Brunnen und Bibliotheken –, die aus anderen Ländern in den Westen kamen und jetzt als „ureuropäisch" gelten. Gegenstände werden zwar nicht im gleichen Maße wie Ideen, Geschichten, Lieder und Bilder adaptiert, aber auf ähnliche Weise übernommen. Anfänglich begegnet man ihnen mit Argwohn und betrachtet sie als zweifelhafte Segnungen. Dann folgt die vorsichtige Akzeptanz. Und schließlich wird das einstmals Fremde begeistert vereinnahmt, bis die fremde Herkunft völlig in Vergessenheit gerät. Ein notwendiger und gesunder Prozess, wäre da nicht der Umstand, dass man die Zinken der Gabel gern dazu benutzt, auf andere einzustechen. In der Geschichtsschreibung wird der fremde Einfluss oft bewusst ausgespart. Aber wenn wir uns daran erinnern, woher etwas kommt, vergewissern wir uns der vielen Quellen der Kultur. Ein erhöhtes Bewusstsein für unsere Mischkultur erinnert uns daran, dass wir die kulturelle Provokation und Bereicherung durch fremde Quellen benötigen. Die Gabel steht nicht für eine Trennung, sondern für die kontinuierliche Erwartung des Neuen.

(Kampfabsage)

Der Mittelpunkt der Welt

Die meisten Europäer gehen davon aus, dass Europa der Mittelpunkt der Welt ist. Die Geschichte der vergangenen fünf Jahrhunderte scheint das zu bestätigen. Ohne Europa hätte es keine Renaissance gegeben, keine Aufklärung, keine Französische Revolution, keine Industrielle Revolution und keine Moderne. Die bestehenden Machtverhältnisse stützen in vielerlei Hinsicht diese Darstellung. Die europäischen Mächte haben einen Großteil des Planeten erobert, ihre Sprachen in fremde Länder verpflanzt und ihr Bildungs- und Verwaltungssystem fleißig exportiert, auch in die USA, so sehr die auf ihre besondere Berufung pochen. Selbst Länder, die wie China den Imperialismus zurückwiesen, sind nicht immun gegen europäische Einflüsse. Schließlich wurde die Volksrepublik China lange gemäß den Vorstellungen eines Anwaltssohns aus Trier regiert. International sein heißt in erster Linie europäisch sein – oder anders formuliert: Das Europäische ist universal. Der Rest wird als regional abgetan.

Das Christentum ist zwar 2000 Jahre alt, doch Konzept und Realität des christlichen Europa sind nicht einmal halb so alt. Die Umwandlung von „Mediterranea" in den Kontinent „Europa" ist eines der faszinierendsten Kapitel in der Geschichte von politischer Festlegung und kultureller Identität. Seit Beginn der Siedlungszeit wird das Mittelmeer, das so sehr ein Ozean ist wie Europa ein Kontinent, durch ein Beziehungsgeflecht seiner Küstenregionen definiert: Kreta bildet eine Symbiose mit dem pharaonischen Ägypten, die Phönizier fuhren als Kaufleute über das Meer, die hellenischen Städte nutzten die Minen Iberiens, die Römer und Karthager unterhielten Beziehungen, die von Hass und Handel geprägt waren. Wir, die wir es gewohnt sind, Realität in Landkarten zu suchen, sehen in der blauen Wasserfläche eine Trennlinie, obwohl sie doch eigentlich eine fließende Brücke ist. [...]

Der aktuelle Hang zur Vereinfachung, der die komplexe Vielfalt des Islam auf relativ junge und einfältige Tendenzen wie den Wahhabismus verkürzt, darf uns nicht darüber hinwegtäuschen, dass der Islam jahrhundertelang die progressivste kulturelle Kraft im Mittelmeerraum und in Westasien darstellte. Seine Errungenschaften stammten nicht unbedingt aus dem arabischen Raum – wie wir noch zeigen werden, gab es persische, indische und griechische Einflüsse –, doch im Islam wurden sie übersetzt, gelangten zur Reife und fanden weitere Verbreitung. Der Unterschied zwischen der islamischen und der christlichen Welt war oft einer zwischen Offenheit und Verschlossenheit, städtischer Raffinesse und ländlicher Tölpelei, Mobilität und Trägheit, zwischen einer überwiegend merkantilen und einer größtenteils feudalen Wirtschaft. Die durchlässige Grenze zwischen dem Mittelmeergebiet und der kulturellen Brache im Norden verlief in etwa entlang der Vegetationsgrenze des Olivenbaums. Im „Entwicklungsgebiet" der nördlichen Hemisphäre gaben Angelsachsen, Franken, Teutonen und Wikinger den Ton an. Die Normannen spielten dabei eine wichtige Rolle: Sie fungierten als Vermittler und verbanden die beiden Welten miteinander. Die Verlagerung des Schwerpunkts vom Mittelmeerraum nach Europa geht einher mit dem Wechsel von einer offenen, auf Handel und Austausch angewiesenen Gesellschaft zu einer Gesellschaft, die sich hinter einem Bollwerk verschanzt, um sich vor Invasoren zu schützen.

Europa hat einiges erreicht, daher ist es verständlich, dass die Europäer gerne glauben, sie hätten alles aus eigener Kraft geschafft. Zudem verleiten uns der bemerkenswerte Erfolg des französischen und britischen Kolonialreichs und die Verbreitung der Wissenschaftssysteme, die in Paris, Berlin, Wien, London und Rom perfektioniert wurden, zu der Ansicht, die treibende Kraft in Europa sei stets aus seinen zentralen oder westlichen Regionen gekommen.

Es gab jedoch Zeiten, da war der Mittelmeerraum nicht der Saum Europas, der doppelt und dreifach umgeschlagen und festgenäht werden muss, sondern die kreative und produktive Mitte, ein Geflecht von Beziehungen und Neuschöpfungen. Die Grundlagen der europäischen Kultur wären ohne die durchlässige, wechselhafte und manchmal sogar symbiotische Qualität der Ränder nicht möglich gewesen. Trotzdem begreifen wir fließende Formen, unstete Identitäten und unscharfe Definitionen als Problem. Der öffentliche Diskurs über Europa verlangt zunehmend nach einer kategorischen und kohärenten Klärung von Merkmalen der Zugehörigkeit. Als sollte eine Rasterfahndung ermöglicht werden, die europäisch von nichteuropäisch unterscheidet. Wenn wir uns für die Zukunft wappnen wollen, sollten wir Grenzen als Zusammenflüsse begreifen, die uns in der Vergangenheit bereichert haben, als Spielweisen von Mischkulturen, die für die Entwicklung des Kontinents von entscheidender Bedeutung sind. Denn das Trennende ist stets nur eine momentane Differenz, eine Flüchtigkeit der Geschichte.

Was ist dieses Europa, das wir täglich im Mund führen, ohne ein klares Bild davon zu haben? Europa ist die einzige Halbinsel der Welt, die zu einem Kontinent hochgestapelt worden ist. Benannt ist sie nach einer phönizischen Prinzessin, der Tochter des Königs Agenor, eines Sprösslings von Poseidon, dem Meer also zugewandt, der Ägypten verließ, um sich im Lande Kanaan anzusiedeln. Erstaunlich an dem Mythos von Europa ist, dass die Prinzessin nicht aufgrund einer eigenen Leistung berühmt geworden ist, sondern aufgrund dessen, was ihr angetan wurde. Die Legende um Europa kennt viele Fassungen. Schauplätze und Handlungsstränge ändern sich, manche Figuren treten bei dem Chronisten Apollodorus auf, werden besungen von Pindar und schleichen sich in die Sagen ein; die moralische und politische Richtung des Stoffes variiert. Denn das war Europa von Anfang an: Vielfalt, und ihre Geschichte kann nur dann allen bedeutsam sein, wenn sie im Sinne eines jeden erzählt werden kann.

(Kampfabsage)

Ankommen

Er fühlt sich von diesem Ort aufgenommen. Zur Ruhe gesetzt. Wie ausgehebelt von allen Fallen und Stricken des Lebens. Er ist in al-Islam hineingewachsen, schneller als erwartet, er hat Buße und Entbehrung übersprungen und gleich Eingang in diesen Himmel gefunden. Keine andere Tradition hat eine so schöne Sprache für das Unsagbare geschaffen. Von dem Gesang des Korans bis hin zu den Dichtungen aus Koaya, Bagdad, Shiraz und Lahore, mit denen er begraben werden möchte. Gott ist im Islam aller Eigenschaften enthoben und das erscheint ihm richtig so. Der Mensch ist befreit, keiner Erbsünde untertan und dem Verstand anvertraut. Natürlich ist diese Tradition wie alle anderen kaum in der Lage, den Menschen zu bessern, den Gebrochenen aufzurichten. Aber in ihr lässt es sich stolzer leben als in den schuldbeladenen, freudlosen Niederungen des Christentums.

Wenn er glauben könnte, an die Details der Tradition – an das Allgemeine zu glauben ist nicht nötig, das ist die höchste Erkenntnis –, und wenn er sich frei entscheiden könnte und wenn er sich frei bedienen dürfte, so würde er sich für den Islam entscheiden.

Aber es ist nicht möglich, zuviel steht im Wege – das Gesetz seines Landes, das Gesetz von al-Islam und seine eigenen Bedenken –, und in Augenblicken wie diesem bedauert er es. Er genießt das Paradies, das ihn umgibt, aber

ein Leben nach dem Tod ist bei bestem Willen nicht an-
nehmbar, ebenso wenig die Bilanzen, die Gott angeblich
zieht, um sein Reich zu bevölkern. Gott ist alles und
nichts, aber er ist kein Buchhalter. *(Weltensammler)*

7

SEHNSUCHT:
VOM ICH ZUM SELBST

ich sorg' mich weder um die Hölle

noch hab' ich Verlangen nach dem Paradiese

nimm ab den Vorhang aus Deinem Angesicht

denn Dich zu sehen allein

ist meine ganze Sehnsucht

(RUMI)

Goldmine

Am wichtigsten erscheint mir, nicht von der Heimat in die Fremde und wieder zurück zu reisen, sondern die Fremde in Heimat zu verwandeln, sinnlich, sprachlich. Unternimm eine Reise, mein Freund, sagt der großartige Sufi-Dichter Rumi, vom Ich zum Selbst – so eine Reise verwandelt die Welt in eine Goldmine. *(Spirituell leben)*

Die Welt erfahren

Würden Sie der These zustimmen, dass sich die Welt allein mit westlicher Rationalität nicht fassen lässt?

Dieser These würde ich voll zustimmen. Rationalität ist auch nur eine weitere Illusion oder sogar ein Irrglaube, wenn sie so belastet wird, dass man meint, mit ihr alles erklären zu können. Schon in der Antike gab es viele Denker, die keinen Widerspruch sahen zwischen Rationalität und anderen Elementen wie zum Beispiel Empathie, Spiritualität und Instinkt. Ich habe den Eindruck, dass wir allmählich Wahrnehmungsformen wiederentdecken, die über einen gewissen Zeitraum verpönt waren, aber doch etwas Wahrhaftiges in sich tragen. So gibt es etwa psychologische Untersuchungen, die versuchen, den Instinkt zu erklären. Offensichtlich hat sich die Psychologie in den letzten zehn Jahren völlig verändert, und man ist jetzt zu der Ansicht gelangt, dass Instinkt nicht nur vorhanden ist, sondern etwas extrem Wichtiges für die menschliche Existenz darstellt. Von daher vertrete ich die Auffassung, dass auch das Prärationale, das „Mystische" oder uns „mystisch" Erscheinende, einen Erkenntniswert besitzt.

(...)

Sie führen als Gründe für Konflikte vorwiegend materielle Ursachen an. Gibt es nicht aber auch kulturelle Ursachen?

Sie spielen auf die These vom „Kampf der Kulturen" an. Diesen Kampf gibt es nicht und hat es nie gegeben. Er ist eine Erfindung. Kulturen kämpfen per se nicht gegeneinander. Im Gegenteil, sie beeinflussen einander. Wir hätten überhaupt keine Zivilisation, wenn wir nicht in einem Strom der ständigen Zuflüsse schwimmen würden. Denken Sie an die deutsche Literatur: Schon ihre ersten Anfänge zur Zeit der Minnesänger weisen arabische, jüdische, provenzalische Einflüsse auf, und das reicht hinein bis in unsere Gegenwart. Überall stoßen wir auf Vermengungen und Vermischungen. So entsteht Kultur. Indien ist dafür ein Musterbeispiel. Dort gibt es den großen Konflikt zwischen Indien und Pakistan, der von Zeit zu Zeit immer wieder einmal gefährlich wird. Doch abgesehen von solchen Ausnahmen, ist das Land geradezu ein Wunder an Friedlichkeit. Dabei muss es enorme Differenzen verkraften: von der Sprachenvielfalt über die vom Gesetz zwar verbotene, aber dennoch tolerierte Kinderarbeit bis hin zu den gewaltigen sozialen Unterschieden. Wenn in einigen westeuropäischen Ländern vom Scheitern der multikulturellen Gesellschaft gesprochen wird, dann kann ich das wirklich nicht ernst nehmen. Denn in Indien findet die multikulturelle Gesellschaft in tausendfacher Dimension statt. Gemessen an der Größe des Landes, an den althergebrachten Machtstrukturen, der Armut der Menschen und den aus ihr erwachsenden sozialen Konflikten treten erstaunlich wenig interkulturelle Konflikte auf.   *(Publik-Forum)*

Ich – Du – Wir

Die Vorstellung einer festgelegten Identität ist eine Schimäre. Kulturelle Existenz ist ein kumulativer Prozess. Die Politik der Identität versucht, jeden Einzelnen von uns in eine bestimmte Schublade zu pressen, auf der fein säuberlich Rasse, Religion und Nationalität vermerkt sind; wohingegen das Leben uns einlädt, ja sogar verpflichtet, uns auf eine Achterbahnfahrt durch das Auf und Ab der Unterschiede zu begeben – wir haben keine Identitäten, sondern dynamische Positionen. Mehr als je zuvor ist Kultur nicht an ein bestimmtes Gebiet gebunden. Und wie sollen wir Stellung gegen das andere beziehen, wenn das Andere in uns selbst ist? Wie können wir überhaupt anfangen, jemanden oder etwas als fremd und außenstehend zu klassifizieren, wo wir doch in der Welt des Schmetterlingseffekts leben, in der alles miteinander verbunden ist – wo Maßnahmen gegen Frauen in Algier Reaktionen in Paris auslösen können, weswegen dazu Stellung in Den Haag bezogen und ein Protest in Chicago organisiert wird? Truppenbewegungen in Bagdad können zu Bombenanschlägen in Madrid führen, Luftangriffe in Kandahar lösen Selbstmordattentate in London aus.

Ähnlich ruft die ungeheure Ausbeutung der Natur in China Proteststürme in Kanada, Großbritannien und Indien hervor. In einer Welt, die durch Reisen, Internet und unablässige Kommunikation miteinander verwachsen ist, kann eine Stadt auf der anderen Erdhalbkugel näher sein als eine Stadt auf der gegenüberliegenden Seite des Flusses. In einer globalen Gesellschaft, die von Migrantenströmen geprägt ist, kann die ideale Sicherheit, die man nur im eigenen Heim empfindet, einen Ozean weit entfernt liegen, während die potentiellen Gefahren der Ferne an der nächsten Straßenecke lauern. Unter solchen Umständen kann die alte Trennung zwischen „uns" und „den anderen" nur zur Grausamkeit gegen das Andere führen, zur Brutalisierung des Selbst und zur „beiderseitigen Bereitschaft zur gegenseitigen Vernichtung", dem Leitmotiv des Kalten Krieges (das in den Stellvertreterkriegen in der „Dritten Welt" brutal umgesetzt wurde). Die alte Maxime – für den Westen gilt die eine Regel, für den Rest eine andere –, diese antiliberale Haltung, die gar nicht zum freiheitlichen Ideal passt, hat ausgedient. Moralisch und strategisch ist es höchste Zeit zu akzeptieren, dass es nur eine Regel für uns alle geben kann: Die Regel des gegenseitigen Mitgefühls und Verständnisses. (...)

Jeder Knoten im Netz, in dem sich die Schnüre kreuzen, ist ein Einzelwesen; und jedes dieser Wesen spiegelt alle anderen um sich herum. Individuen werden sich ihrer selbst durch ihre Verbindungen zu anderen bewusst – und nicht indem sie vor lauter Selbstüberschätzung die Bedürfnisse der anderen gar nicht mehr wahrnehmen. Wenn wir uns im Netz Indras betrachten, sind wir nicht nur das Selbst, das unseren eigenen Körper bewohnt, sondern auch eine Reihe von Reflektionen und Möglichkeiten – der Geist der anderen, den wir fühlen können, die Körper der anderen, die wir durchwandeln, ihre Vorstellungen, mit denen wir unsere erweitern können. Eine Festung ist hin und wieder ein sicherer Ort, in dem wir aber letztlich ersticken. Sie ist das Ghetto, das wir uns selbst schaffen, wenn wir andere in Ghettos zwingen. Viel besser ist es da, den Wegen der Pilger und Reisenden, Geschichtenerzähler und Troubadoure zu folgen und unterwegs das wahre Erbe der Menschheit zu finden: Die Erkenntnis, dass Kulturen nicht im Konflikt miteinander liegen, sondern zusammenfließen. Deswegen müssen wir uns gegen all jene wehren, die uns im Namen des Unterschieds gegeneinander aufbringen und uns für die globale Kriegsmaschinerie rekrutieren wollen.

Den Zusammenfluss anzunehmen, heißt den Kampf abzusagen; den Kampf abzusagen, heißt den Zusammenfluss anzunehmen.

(Kampfabsage)

Flimmernde Ungewissheit

Schreiben beinhaltet eine Reihe von physischen Aspekten, aber der Prozess selbst scheint den Körper fast zu negieren. Manche Autoren schreiben im Stehen, Goethe, Schiller oder gegenwärtig Günter Grass; andere haben ausgeführt, wie sich ihre Gedanken beim Gehen entwickeln. Zumeist sitzen Autoren aber am Schreibtisch und erinnern sich ihres Körpers erst dann, wenn der Rücken zu schmerzen beginnt oder die Beine taub werden. Recherche ist die Wiederaufnahme des Körpers, und der Körper bedankt sich mit eigenen Einsichten. Vor einigen Jahren ging ich mit einem Freund zu Fuß durch Tansania, auf den Spuren der ersten Burton-Expedition, drei anstrengende Monate des Wanderns. Obwohl ich glaubte, Ostafrika zu kennen, immerhin bin ich in Kenia aufgewachsen und habe mehr als zehn Jahre in diesem Teil der Welt verbracht, habe ich Landschaft und Menschen neu erlebt, weil anders erfahren. Man sieht mit dem ganzen Körper anders als nur mit den Augen. Und wir wurden, als hilfsbedürftige Wanderer, von den Einheimischen anders gesehen. Auch das ändert den Blick auf die Fremde — die Art, wie man betrachtet wird. Eines Nachmittags ging uns das Wasser aus. Wir legten uns schlafen, wir wachten auf mit leicht verkrusteten Lippen und brachen sofort auf, in der Erwartung, bald auf einen Teich oder ein Wasserloch zu stoßen, oder wenigstens auf einige Einheimische, die uns den Weg zur nächsten ‚Tränke‘ zeigen könnten. Bis zur Mittagszeit hatten wir kein Wasser gefunden, waren niemandem begegnet, und eine anschwellende Panik ergriff uns. Am Nachmittag stolperten wir in ein Dorf und verschluckten uns an dem Wasser, das zwei Frauen uns mit schwieligen Händen in einer hölzernen Schale reichten. Und dann schütteten wir Wasser über unsere Köpfe. Mein Körper spürt diese Gefühle noch sehr genau, und während des Schreibens habe ich nicht nur bei der Passage, in der Durst gelitten wird, sondern auch in vielen anderen Szenen eine starke körperliche Involviertheit gespürt, als wollte die physische Erinnerung sich in den Text einschreiben. (...)

Nach dem Zweiten Weltkrieg hat Adornos asketisch weltabgewandtes Kunstideal – eher einem frühchristlichen Wüstensäulenheiligen angemessen als einem modernen Künstler – die Vorherrschaft eines subjektiven, ich-bezogenen Ästhetizismus bestärkt, Empfindsamkeitsorgien der eigenen Seele als literarische Ideologie zementiert.

Peter Handke hat es einmal auf den Punkt gebracht: „Es interessiert mich als Autor nicht, die Wirklichkeit zu zeigen oder zu bewältigen, es geht mir nur darum, meine Wirklichkeit zu zeigen." Gerade das aber interessiert mich zunehmend weniger. Ich kann mir keinen langweiligeren Stoff als das eigene Empfinden vorstellen.

Die Auseinandersetzung mit dem Unbekannten hält mich in einem Zustand flimmernder Ungewissheit, ein hervorragender Zustand für das Schreiben, das nichts so sehr fürchten sollte, wie Gewissheit und Vertrautheit. Die Auseinandersetzung vieler Autoren mit der Fremde endet meist in einem Fiasko, weil sie sich einer empfindsamen Annäherung bedienen, was meist zu willkürlich-ignoranter Besserwisserei oder totaler Ambitionslosigkeit, ferne Zusammenhänge zu begreifen und zu erklären, führt. Leider scheuen sich die meisten Autoren unserer Zeit weiterhin vor sozial umfassenden, das Gemeinwesen durchdringenden Themen, verbleiben im Familiären, Häuslichen, im Hinterhof der biografischen Verortung. Wir sollten uns auf die ursprüngliche Bedeutung des Wortes Roman besinnen – ein epischer Bericht, der eine große öffentliche Tat zum Thema hat, ein öffentliches Ereignis, das viele Menschen bewegt und beschäftigt. Es mag zwar stimmen, dass sich in einem Diamanten die ganze Welt spiegeln kann, aber dieser Diamant muss außergewöhnlich meisterhaft geschliffen sein. Ansonsten spiegelt sich in ihm nur das diffuse Licht einer nackten Deckenleuchte.

Je mehr ich recherchiere, desto uninteressanter erscheinen mir meine eigenen Gefühle, meine eigene Perspektive. Hast du bei deinen Aufenthalten keinen Ekel verspürt, fragt man mich gelegentlich. Doch, antworte ich, aber was ist das für ein überflüssiges Gefühl, dieser Ekel, wie sehr entfernt er mich von den Menschen, die ich zu verstehen trachte und die sich den Luxus dieses Ekels nicht leisten können. Je mehr ich recherchiere, desto mehr interessiert mich die Wirklichkeit von anderen. Ich bin fasziniert, wie das Schreiben mir hilft, eigene Vorurteile und Verengungen zu überwinden, wie sehr der kreative Prozess mich selber in Frage stellt. Schreiben ist für mich immer mehr ein beglückender Weg, das eigene Ego zu bändigen, zu dämpfen. Gerade heutzutage, da wir von einer Mono-kultur des Vorspulens und der Drei-Minuten-Aussagen dominiert werden, ist mir die Rolle des fragenden, suchen-den, zweifelnden, prüfenden und neugierig herumirrenden Autors zugleich ein politisches und ein spirituelles Bedürf-nis.

(Antrittsvorlesung)

Sehnsucht nach Geheimnis

Der Roman [Der Weltensammler] verweigert die Analyse geradezu. So, als wollten Sie lieber ver- als enträtseln. Haben Sie Sehnsucht nach Geheimnissen?

Ich bin nicht sicher, ob ein Roman dazu da ist, etwas zu enträtseln. Nach fünfhundert Jahren rätseln die Leute doch immer noch, wer Don Quijote ist. Aber ich bin überzeugt, dass ein Geheimnis manchmal mehr ausdrückt als eine Erklärung. Das Geheimnisvolle hat seinen eigenen Erkenntniswert. Erklärungen hingegen sind oft schiefe Verknappungen, Oberflächlichkeiten.

Sind Sie etwa ein Romantiker? Ein Gegenaufklärer?

Über das, was ein Romantiker sein könnte, müssten wir uns wahrscheinlich lange unterhalten. Und Gegenaufklärer? Ich hänge durch und durch den Idealen der Französischen Revolution an. Ich glaube nur, dass Sie jetzt wiederum mit veralteten Dichotomien operieren. Ich kann eben ein aufgeklärter Sufi sein, ich kann ein anarchistischer Mystiker sein – das ist für mich kein Widerspruch. Und wenn es von außen betrachtet als Widerspruch wirkt, ist die Frage, ob das Problem nicht beim Betrachter liegt.

(WELT)

Licht über Licht

Als er seine Augen wieder öffnet, sieht er einen Derwisch durch die Waagerechte ziehen. Ein schwarzes Gewand, eine Flickenmütze. Ich bin derjenige, der alleine fliegt. Die Augen sitzen tief in einem Trog aus Kajal. Die Hände sind mit monströsen Ringen geschmückt. Burton schließt die Augen. Als er sie wieder öffnet, ist der Derwisch in Grün gekleidet, die Ketten an seinem Hals sind silbern und blechern, sie sind aus Stoff und aus Edelstein. Ich bin derjenige, der alleine fliegt. Sein Haar, sein Bart ist gefärbt, orange-braun wie Henna. Burton schließt wieder die Augen. Lässt sie lange zu. Er buchstabiert alle Alphabete durch, die er kennt. Dann öffnet er seine Augen. Habt ihr ihn gesehen? ruft er seinen Kameraden zu, gegen den Wind. Wie lautet der Wert? Schreien sie zurück. Der Derwisch war keine einmalige Erscheinung. Je näher sie ihre Dreiecke an das nächste Dorf setzten, desto öfter lief er, in sicherer Entfernung, an Burtons abwesendem Blick vorbei. Er war jedes Mal ein anderer, der Derwisch. Er schien nie eine Gestalt anzunehmen, die er schon einmal innehatte. Merkwürdig, dass die anderen ihn nicht sahen. Einmal, der Arbeitstag war fast abgenommen, beschloss Burton, ihm zu folgen. Bis zu einer Moschee, neben der sich ein ummauertes Grab befand. Ein verwinkelter Zugang. Eine Dichte an Menschen und Erregung. Er vernahm ein Lied, es zog ihn hinein, ein Lied, das ihn bewegte, ein Lied, das an dem Putz einer verborgenen Kammer seines Wesens kratzte. Diese Berührung, sie war ein Erstrahlen, der Ort vor ihm erstrahlte, und er selbst war von Licht durchflutet. Der Anlass war festlich, das Grabmal des Heiligen war von einer unmessbaren Sehnsucht aufgeladen. Es herrschte ein Gedränge, das ihn freundlich aufnahm, ein Vorgeschmack auf das Gedränge, das vor den Toren zum Himmel herrschen würde. Er erreichte das mit einem bestickten grünen Stoff bedeckte Grabmal nicht. Er wurde abgelenkt. Gegenüber dem kleinen Tor, durch das sich die Pilger bückten, um Einlass zu finden, saßen einige Männer auf dem Boden. Sie sangen das Lied, das ihn berührte. Es klang wie eine Liebeserklärung an alles Lebendige. Die Stimme des Sängers, eine ungewöhnliche Stimme, die dem tieferen Ernst eine schrille, fast närrische Note gab, sie schraubte sich hinauf, sie drechselte den Gesang auf eine immer schneller rotierende Scheibe. Auf einmal blickte der Derwisch ihm in die Augen. Das Drechseln setzte sich in ihm fort. Nehmen Sie Platz, sagten die Augen, verweilen Sie. Wir sind alle Gäste. Wir sind alle Wanderer. Seien Sie einer von uns. Und das Lied warf weiteres Licht in die Nacht und auf die dichte, sich fortbahnende Menge. *(Weltensammler)*

145

Wegbekenntnis

Pilger, auf der Suche nach Sicht,
du hältst an jedem Schrein.
Atme durch, lese deinen Geist,
ehe du das Land verbrennst
mit der Spur deiner Füße.
Auf Pilgerschaft verliebst du dich
in das Grün des fernsten Grases.

(LAL DED)

Die Frage „Woran glauben Sie?" übersetzt sich auch als „Wonach suchen Sie?".

Ich suche nach dem Befreienden, dem Aus-den-Fugen-Geratenden; nach einem Zipfel des Unverständlichen; nach einer Sprache, die alles erhöht und nichts erniedrigt. Nach dem Grün des fernsten Grases.

Wenn wir das Göttliche ernst nähmen, müssten wir nicht danach streben, das Gemeinsame zu sehen in jedem Fragment?

Gott – die unendliche Vielfalt – kann keinen Namen tragen, weil jeder Name von einer Einschränkung spricht. Und doch wird ihm ein Name gegeben und dieser eine Name absolut gesetzt.

Indem der Fanatiker Gott auf menschliches Maß reduziert, begeht er Blasphemie.

Gott klein zu machen ist eine größere Blasphemie, als seine Existenz zu leugnen. Denn menschliche Sprache kann den Umfang seiner Existenz nicht ermessen.

Ich weiß wohl, dass die Weisheit nicht in der Antwort besteht, sondern dass sie von der wetterwendischen Sprache erlöst ...

Skepsis, insbesondere Sprachskepsis, ist somit ein gesegnetes Instrument der Erkenntnis des Göttlichen.

Ideen sollten den einzelnen Menschen befreien und nicht ein System stützen.

Die Vielfalt religiöser Formen ist das einzige Angesicht Gottes, das wir kennen.

Jeder Mensch schafft sich einen eigenen Glauben; in Nuancen gewiss, und bei manch einem kaum nachspürbar, und doch eigenständig. Ist es überhaupt möglich, dass zwei dasselbe meinen, wenn sie Gott sagen?

„Ihr könnt", pflegte ein Meister zu sagen, „alle Religionen ausprobieren und jeden Weg einmal abgehen." Und ein anderer sagte: „Man wird transformiert, wenn man zwischen den Traditionen steht."

Egal wohin es geht, der Weg wird beschrieben von den beiden Koordinaten Erkenntnis und Mitgefühl.

Das Göttliche ist jenseits aller Rechnungen, jenseits aller Aufrechnung und Abrechnung.

Die Hallen der Gebote sind entgöttert und stumm.

Wir benötigen das Heilige, um unser Ich nicht als heilig zu erachten. Um die Schöpfung für wichtiger zu halten als die Menschheit.

> *Farbe entsteht aus Farbe,*
> *Hinter jeder Farbe Licht.*
> *Welche Farbe hat das Leben?*
> *Wenn du es weißt, dann sprich!*
>
> (KABIR)

Nachwort der Herausgeberin

Sehnsucht – dieses Gefühl, das in uns aufsteigt und uns in die Ferne schauen lässt, so bittersüß und hoffnungsvoll. Wir haben Sehnsucht nach dem Süden, nach dem Anderen, nach dem Bekannten, nach Vergangenem und nach dem Kommenden. Sehnsucht nach Nähe, nach der Ferne, nach Ordnung, nach Chaos, nach Einsamkeit, nach Zweisamkeit. Sehnsucht begleitet uns immer. Glaubt man eine Sehnsucht gestillt, beginnt eine andere sich zu regen. Nach Wahrheit, nach Wahrhaftigkeit. Wenn man so will, ist Sehnsucht der Wunsch, im Angesicht des Lebens stehen zu wollen, mittendrin, das Glück vom Suchen, Finden und Weitersuchen aushalten zu können.

In den Texten dieses Bandes begibt sich Ilija Trojanow auf diese feine Spur der Sehnsucht, die in vielem aufleuchtet.

Die Themen der hier versammelten Sachtexte, Romanauszüge, Reportagen, Essays und Interviews von Ilija Trojanow sind: Glaube, Menschen, Orte. In allen Texten und Gesprächsauszügen wird die Suche und der unstillbare Durst nach Wahrhaftigkeit, Friede, gelingender Kommunikation und dem Menschsein deutlich. Nie wird er salbungsvoll angesichts dieser Ideen, die zu groß sind, als dass Worte ihnen gerecht würden. Ilija Trojanow denkt über sie nach in dem ihm eigenen Stil: reflektiert leidenschaftlich. Über Religion, Glaube oder Spiritualität muss nicht abgehoben geredet werden, damit die Worte berühren.

Es ist eine Mischung aus Reflexion, Meditation und Beobachtung, mit der Ilija Trojanow sich anderen Orten, anderen Menschen, anderen Religionen annähert. Er beschäftigt sich mit der Frage, was ein Ort, ein Mensch, ein Glaube, sein *könnte*. Trojanow wechselt die Perspektiven. Mal ist er der Andere, mal der Reisende, der auf diesen Anderen blickt. Wenn er über den Islam schreibt, unterscheidet er sich auf erfrischende Art von den bekannten muslimischen Stimmen. Trojanow greift die Tradition der Sufis auf und verortet sie in seine eigene Religiosität. Er positioniert sich stets neu und besitzt die Fähigkeit, kritisch und dabei von der Spiritualität begeistert zu sein.

Sich mit den eigenen Wunschvorstellungen vom Glauben, von den Menschen und Orten auseinanderzusetzen, dazu gehört für Ilija Trojanow das Reisen, das Gebet, die Reise nach Mekka, das Schreiben, und immer wieder die Frage: Was ist fremd? Enge Kategorisierungen lehnt er ab.

In diesem Band sind Textwiederholungen bewusst aufgenommen worden. Sie zeigen die intensive Auseinandersetzung, die verschiedenen Perspektiven. Seine Texte sind Aufrufe zur Selbstreflexion. In allen schwingt die Sehnsucht nach Selbsterkenntnis und damit auch nach dem Erkennen (und Annehmen) des Anderen mit. Sie sind auch Zeugnis seiner Biographie, deren Stationen an verschiedenen Orten, bei verschiedenen Menschen und Religionen verlaufen.

Der Glaube zählt zu den intimsten und persönlichsten Erfahrungen des Menschen. Ilija Trojanow teilt sie mit uns. Dafür gilt ihm mein besonderer Dank. Ebenfalls zu Dank verpflichtet bin ich Ahmad Milad Karimi, der mit seinen Übersetzungen auch den des Persischen unkundigen Leser am Genuss der Dichtung Rumis teilhaben lässt. Seine Gedichte leiten die Kapitel ein. Auch Rumi ist ein Wanderer zwischen den Welten, wie Ilija Trojanow, wie wir alle eben.

Freiburg, im Januar 2008   Fatma Sagir

Glossar

Ahadith, Pl. von Hadith	Aussprüche des Propheten Muhammad
Ayat (Ayaat Pl.)	Koranvers
Fadschr	Sonnenaufgang
Fidya	Ausgleich für nichtgefastete Tage, meist Armenspeisung
Hadith	Ausspruch des Propheten Muhammad
Hadsch	Pilgerfahrt nach Mekka
Hafiz	Einer, der den Koran auswendig kennt
Halal	rein, erlaubt
Id al-fitr	Fest des Fastenbrechens am Ende der Fastenzeit Ramadan
Ihram	Weißes zweiteiliges Gewand der Pilger, ein Kleid für Frauen
Iftar	Fastenbrechen am Ende eines Fastentages
Iteqaaf	Mehrtägiger Rückzug in eine Moschee zu Gebet, Meditation, Kontemplation
Maghrib Gebet	Abendgebet
Murshid	Spiritueller Lehrer
Qibla	Gebetsrichtung

Rak'at	Gebetseinheit
Sallallahu alaihi wa-sallam (Abgekürzt: *saw*)	Gottes Friede und Segen Sei mit ihm, Lobformel, die als Zusatz zum Namen des Propheten Muhammad gesprochen wird.
Sure	Kapitel des Koran
Sufi	in etwa: Mystiker
Tarawih	Ramadangebet, in dem der gesamte Koran rezitiert wird
Tawaf	Umkreisung der Kaaba
Ulema, Pl. von alim	(Rechts)Gelehrte
Umma	Gemeinschaft der Muslime

Quellen

Einleitende Gedichte

Rumi, Maulana Dschalaladdin: *Diwan-i Shams*. Ausgewählt und aus dem Persischen übersetzt von Ahmad Milad Karimi für den vorliegenden Band.

Monographien, Artikel, Essays

Trojanow, Ilija: *Rezitation in Stein*. Essay. Aus dem Englischen (*Recitation in Stone*) von Fatma Sagir. Originalbeitrag.

Trojanow, Ilija: *Wegbekenntnis*. Essay. Originalbeitrag.

Trojanow, Ilija / Ranjit Hoskoté: *Kampfabsage*. Kulturen bekämpfen sich nicht – sie fließen zusammen. © 2007 by Blessing, in der Verlagsgruppe Random House.

Trojanow, Ilija: *Nomade auf vier Kontinenten*. Auf den Spuren von Sir Richard Francis Burton. Eichborn, Frankfurt a. M. 2007.

Trojanow, Ilija: *Recherche als poetologische Kategorie*. Die Entzündung des narrativen Motors. Antrittsvorlesung Heiner-Müller-Gastprofessur an der Freien Universität Berlin. Berlin 2007.
http://www.fu-berlin.de /presse / fup /2007/Download-Material /Rede_Trojanow.pdf

Trojanow, Ilija: *Der Weltensammler.* Roman. Hanser, München 2006.

Trojanow, Ilija: *Zu den heiligen Quellen des Islam.* Als Pilger nach Mekka und Medina. © 2006 Piper Verlag GmbH, München.

Trojanow, Ilija: *Ortswechsel.*
In: Paraplui. Elektronische Zeitschrift für Kulturen.Künste.Literaturen (keine Zeitangabe, Zugriff 1.10.2007).
http://parapluie.de/cgi-bin/show.cgi?url=/archiv/worte/ortswechsel/index.html&key=Ortswechsel

Trojanow, Ilija: *Reisen.* Essay. In: Spirituell leben. Herder, Freiburg i.Br. 2002

Interviews

Deutschlandradio, 30.08.2007: Interview: Adama Ulrich *Als Literat mit einer Stadt umgehen.* Ilija Trojanow ist derzeit Stadtschreiber von Mainz.
http://www.dradio.de/dkultur/sendungen/laenderreport/660102/

Publik-Forum, 27.4.2007, Ausgabe 8/2007, Interview: Adelbert Reif. *Der Weltensammler.*
http://www.publik-forum.de/f4-cms/tpl/pufo/op/pufo-themensubsite/display.asp?cp=pufo/Subsites/globalisierung/&id=10269&kat=17

Der Tagesspiegel, 17.01.2007: Interview: Andreas Schäfer *„Man sollte sich beim Reisen nackt machen."* Ein Gespräch mit dem Schriftsteller Ilija Trojanow, der heute mit dem Berliner Literaturpreis ausgezeichnet wird.
http://www.tagesspiegel.de/kultur/;art772,2098187

GALORE, Nr. 23, November 2006: Interview: Sylvie Sophie Schindler *„Die Sehnsucht nach Heimat ist eine Fiktion."*
http://www.galore.de/index.php?id=46&interview=431#

Islamische Zeitung, 27.04.2006: *„Der Blick von Außen ist immer frisch und notwendig"*
http://www.islamische-zeitung.de/?id=7154

Die WELT, 22.03.2006. Interview: Wieland Freuni *Ein Geheimnis drückt mehr aus als eine Erklärung.*
http://www.welt.de/print-welt/article205334/Ein_
Geheimnis_drueckt_mehr_aus_als_eine_Erklaerung.html

Wir danken allen Rechteinhabern, die für diesen Band Abdruckgenehmigungen erteilten.
Wo Rechteinhaber nicht ausfindig gemacht werden konnten, bleiben Honoraransprüche bestehen.

Bibliothek der Spiritualität

Benedikt XVI.
Liebe – Entdecke, was dich leben lässt
Hg. von Hoger Zaborowski und Alwin Letzkus
Band 5952

Dalai Lama
Mitgefühl – Öffne dein Herz
Hg. von Ulla Bohn
Band 5950

Anselm Grün
Vertrauen – Spüre das Leben
Hg. von Anton Lichtenauer
Band 5960

Dorothee Sölle
Mut – Kämpfe und liebe das Leben
Hg. von Bettina Hertel
Band 5949

Desmond Tutu
Versöhnung – Sei wahr und werde frei
Hg. von Angela Krumpen
Band 5954

Elie Wiesel
Hoffnung – Bleib dem Leben treu
Hg. von Bettina Reichmann
Band 5951

HERDER spektrum

Neue Perspektiven

Ludwig Ammann
Cola und Koran
Das Wagnis einer islamischen Renaissance
Band 5432
Ist der Islam auf dem Weg in eine eigene Moderne? Über Formen des
islamischen Aktivismus, Militanz, Koran und Islam in Europa.

Hans-Peter Dürr / Raimon Panikkar
Liebe ist die Urquelle des Kosmos
Ein Gespräch über Naturwissenschaft und Religion
Band 5965
Der berühmte Quantenphysiker und der weltbekannte Religionsphilosoph
legen ihren Austausch über Naturwissenschaft und Religion vor.

Stefan Ehlert
Wangari Maathai – Mutter der Bäume
Die erste afrikanische Friedensnobelpreisträgerin
Band 5580
„Heldin des Planeten", nannte sie „Time" schon 1998. Wangari Maathai
kämpft ohne Angst konsequent für Umweltschutz, Frauenrechte, Würde
und soziale Gerechtigkeit: Die spannende Biografie einer Frau, die die Welt
verändern will.

Erich Fromm
Die Kunst des Lebens
Zwischen Haben und Sein
Band 5906
Die Weisheit eines glücklichen Lebens besteht darin, aufmerksam zu wer-
den für das, was wirklich zählt.

Mahatma Gandhi
Aus der Stille kommt die Kraft des Friedens
Band 5935
Der große Friedensaktivist Mahatma Gandhi hat sich zeitlebens für das
gute Miteinander der Religionen in seinem Land eingesetzt. Was hat ihn im
Alltag getragen?

HERDER spektrum

Willigis Jäger
Die Welle ist das Meer
Mystische Spiritualität
Band 5912

Einer der bedeutendsten spirituellen Lehrer unserer Zeit erläutert, was es mit mystischen Erfahrungen auf sich hat.

KoranLeseBuch
Wichtige Texte neu übersetzt und kommentiert von Hartmut Bobzin
Band 5203

„Sprachpoesie, Genauigkeit und Verständlichkeit machen diese Ausgabe zu einem großen Wurf: Ein wohlgebahnter Weg zu wesentlichen Grundlagen des Koran – und somit zur Religion und Kultur des Islam schlechthin." (Prof. Mathias Rohe)

Anthony de Mello
Gib deiner Seele Zeit
Inspirationen für jeden Tag
Band 5916

Diese Sammlung kurzer, inspirierender Texte zeigt die ganze spirituelle Meisterschaft de Mellos, das eigene Selbst neu zu entdecken und zu stärken.

Andrea Schwarz
Die Sehnsucht ist größer
Vom Weg nach Santiago de Compostela.
Ein geistliches Pilgertagebuch
Band 5756

Andrea Schwarz hat sich auf den Weg nach Santiago de Compostela gemacht und über die vielen Begegnungen, Eindrücke und Erlebnisse ihrer wochenlangen Wanderung Tagebuch geführt.

Idries Shah
Die fabelhaften Heldentaten des weisen Narren Mulla Nasrudin
Band 5208

Hintergründige Geschichten mit den schönsten Narrheiten des großen Meisters verdeckter Spiritualität.

HERDER spektrum